৩

Aus Anlaß meines 80. Geburtstages
für meine gütige Frau Eva
sowie ihre Tochter Anja
und ihre wunderlich erfrischende Lilly

gewidmet
meiner ersten Frau Waltraut,
den Kindern, Enkeln, Urenkeln,
Freundinnen, Freunden sowie Studierenden,
die mein Leben begleiteten,

und ganz besonders herzlich seien
Gabriele und Rainer Enke,
Dr. Bernd Prüfer und mein Sohn André bedacht,
die dieses Buch erst ermöglichten.

Inhalt

»Ohne Gefühlskälte des Vergessens …
Ich lausche dem Traum alter Gefährten
und geliebter Frauen ….
und weine um meine Abwesende.«

»Die Schönsten, Besten, unsre Liebsten
haben uns die Zeit, das Schicksal schon geraubt.
Nachdem auch sie so manchen Becher leerten,
Schwand einer nach dem anderen schweigend fort.«

Omar Chajjâm

Ich weiß, wieviel des süßen Weins
im Glas mir noch geblieben ist,
doch nicht, wieviel das Schicksal
mir auf Erden gönnt an Lebensfrist.

Nicht ewig ist es mir bestimmt, zu wandeln hier,
und ohne Wein und ohne Weib wär's öde schier.
Genießen wir! Denn sind wir tot, dann nützt der Streit,
ob Ewigkeit, ob Zeitlichkeit, nicht dir noch mir.

Wozu in Kirchen und Moscheen die Plage?
Wozu nach Höll' und Paradies die Frage?
Der Erde Wein ist sicherer
als ein Wechselschein fürs Paradies!

»Kein Atemzug, der Frieden nicht dir gibt!
Kein Atemzug, der anderen den Frieden trübt!
Das Leben ist das höchste Gut, und es beschert
noch manch ein Glück dem, der es ehrt und wahrhaft liebt.

Ich weiß genug von dieser Welt, vom Wie und Was.
Ich hab erforscht ihr Auf und Ab im Übermaß.
Verdrießlich ist's, der höchste Grad der Trunkenheit
entrückte mich noch nie so weit, daß ich's vergaß!

Und wir, im ew'gen Kreislauf der Erscheinungen,
kommen auf kurze Zeit – um wieder zu vergehen.
Was lebend du nicht faß't, wie willst du das
erst fassen, wenn die Sinne dir erblassen?

Weh uns, die wir nutzlos verbraucht zugrunde gehn,
dem Mahlstein, den das Weltrad dreht, nicht widerstehn
und gar so schnell, zu Staub zermalmt und abgetrennt
von jedem Ziel, das wir ersehnt, im Wind verwehn!«

Omar Chajjâm

Herber Vorgeschmack

Was gehört zu Europa? Scheidelinien waren schon immer fließend. Nun wuchs mit der Urbarmachung des Bodens die Kultur überhaupt. Die Kultur des Weinbaus gehörte außerhalb Europas seit etwa 10.000 Jahren dazu. Mit der Gärung des Weines entfalteten sich auch mehr Lebensbereiche des Menschen, vor allem die dionysisch geborenen Musen. Ich nutze den Kulturbegriff für die menschlich würdevolle sowie wohltätige Ausbildung und Pflege all unserer körperlichen und geistigen Kräfte einschließlich gesitteter Verhältnisse zueinander. Ebenso gehören die vom Menschen geschaffenen Kulturgüter dazu. So ergeben sich gesellschaftlich unterschiedliche Kulturen. Europäer, besonders Deutsche, sind geneigt, ihren Beitrag zum Weltkulturerbe zu überschätzen.

Für den Agrarhistoriker Eberhard Schulze bahnte sich Agrikultur in Europa etwa vor 7.500 Jahren an. Jedoch die Wurzeln europäischer Kultur, auch das Geschenk des Weines, gehen über das Morgenland, einschließlich des kaukasischen Schwarzmeergebietes, über das antike Griechenland auf die Ägypter zurück. Deren Kultur war machtvoller als die griechische. Bereits vor 6.000 Jahren, das ist belegt, tranken die Ägypter erotisch berauscht in ihren Weinlauben. Vor 5.000 Jahren prostete man in Ur dem Herrscher zu und dort, wo heute Georgien liegt, legte man den Toten silberverziertes Rebholz ins Grab. Die Hethiter tranken vor 4.000 Jahren aus goldverzierten Gefäßen. In der Bibel (»Was ist das Leben, da kein Wein ist?«) beglücken uns weit über 400 Textstellen zum Wein. »Von Osten streift ein Frühlingswind / uns wie im Vorübergehen, / Daß im Pokal, auf dem grünen Wein, / winzige Wellen entstehen.« Auch der Chinese Li Bai (701–762) freute sich in 250 weinseligen Gedichten auf »seinen Blumenduft und eine Kanne Wein«. Schon Du Fu (712–770) tat kund: »Der Geist ist jetzt dem Weingeist untertan.« Und er meinte, nach einem Humpen Wein würde Li Tai-bo (701–762) »die herrlichsten Gedichte« schreiben – und zwar en gros! Dieser wiederum schrieb weniger herrlich: »... wie Öl schwimmt oben auf dem Wein die Not«. Mit Wein kann man nicht nur so manchen gordischen Knoten knüpfen, sondern auch lösen. Li Yu (1611–1680) schenkte rauschhaft ein: »Und ist die Welt auch noch so weit, / kein sichrer Pfad ist rings zu sehen / als der ins Reich der Trunkenheit ...« Im 8. Jahrhundert hat dem Inder Amaru »der Mond sich in dem Wein gespiegelt«. Erstaunlich, über Jahrtausende: »So läßt, der eitlen Menschheit zum Genießen, / Der Wein sein Gold durch alle Lande fließen, / Durch Menschenkehlen zieht er singend hin, / Sein Reichtum macht zum wahren König ihn.«. Nun spricht man auch vom Orient und Okzident. Da denke ich, – »Wenn ich des Bechers Lippe küsse, schlürfend / Den reinsten Wein in tiefem Glück und Freude! ...« (Umar ibn al Farid, 1181-1253) –, man sollte das Morgen- und Abendlied im Einklang singen und sowohl am Morgen als auch am Abend trinken. »O Wein! Kleid mich in des Orients purpurne Tracht«. (Ponchon) In der griechischen Mythologie trank der potente Göttervater Zeus nicht nur sein Ambrosia. Womöglich war da eine ewiges Leben verheißende Trockenbeerenauslese in der Trinkschale? Durchtrieben, als Stier, wohl mehr aus Masche vor seiner wachen Frau Hera, entführte Zeus die schöne Europa aus dem Morgenland. So kamen wir durch antike göttliche Arglist zum morgenländisch geborenen Europa. Auch der Araber Abû Nuwâs (um 747/762–um 815) »trinkt den Wein und reitet auf dem zarten Gazellchen«. In Europa dürfte Wein schon vor über 3.000 Jahren zur Kultur gehört haben. Schließlich beschwingten uns über Spanien seit 711 knapp 800

Jahre lang die Mauren mit Poesie und wissenschaft-
lichem Geist. Heine meinte, »daß Mahomet seinen
Türken den Wein verboten hat, damit er ihnen desto
süßer schmecke«.

Auch der Lehrer des guten Geschmacks war für Europa wieder mal ein Araber. Der Arbiter elegantiarum
Ziryāb (789–857) verdiente sich bei Harun ar-Raschid
seine Sporen und lebte von 822 bis zu seinem Tode in
Cordoba. Er gründete dort eine Musikakademie, führte
uns in die Kunst des Vortrages bei Wein, Gesang sowie
Musik ein und »lehrte uns ... aus zierlichen Glas-
gefäßen zu trinken«. Viele geistig kulturelle Größen
Europas schöpften aus diesen Weingläsern. Bevor sie
die Juden und Moslems vertrieben, blieb den Spaniern
Trunkenheit verächtlich. Inzwischen eroberte sich die
höhere Kultur des Weinbaus Erdteile, denen sie früher
fremd blieb. Schließlich hören wir von Thomas Mann,
»daß dank der Kunst, den Wein zu pflanzen und zu
keltern, die Menschen aus dem Stande der Roheit
traten und Gesittung erlangten und noch heute gelten
die Völker, bei denen Wein wächst, für gesitteter oder
halten sich dafür, als die weinlosen, die Kimerer.« Der
Haß der Völker wirkte wenig befruchtend. Wer nicht
Grieche war, der galt als Barbar. Franzosen nannten
Deutsche *boche* (Dickschädel). Blonde blauäugige
Deutsche bezeichneten Fremdartige als Untermen-
schen. Für Engländer waren Deutsche schlechtweg
Hunnen. Grenzten die Menschen sich nicht aus, sondern begegneten einander als gleich, dann belebten
sich die Kulturen der Völker. So manche Hybride er-
blühte wunderschön. Weitherzigkeit beförderte schon
immer Menschlichkeit.

Widmen wir uns Menschen, denen nicht nur Wein
die Kehle feucht hielt, sondern die eine europäische
Kultur bereicherten, weil sie den Wein als Kulturgut
verstanden. Sie gehören zum menschlichen Europa,

13

das wir derzeit geldgierig zu verlassen und zu vergessen »mit hohem technischen Aufwand genötigt werden«. Heute walzen Kapitalströme nicht nur die Grenzen, sondern ebenso die große befreiende Kraft der Kultur, ihre Menschlichkeit und ihren Geist nieder. Dein grenzenloses Zuhause keilt dich in diesen Engpaß beklemmend ein. Die geostrategische Sicherung des Verwertungsprozesses des Kapitals steht generell vor kulturellen Interessen. Wenn es heute um Kultur und Kunst geht, wird vorwiegend wirtschaftlich an Gewinn und nicht an die Eröffnung menschlicher Lebensbereiche gedacht. Was heute geistig-kulturelles Erbe ist, bestimmt sowieso das Fernsehen. Doch Kunst und Wein waren seit Anbeginn ein Paar. »Trink ich zweimal, dreimal, bin ich Künstler überall.« Außerdem, kühl sollen der Wein und heiß der Partner sein. Mit Wein kann der Sex genußvoller und erotisch veredelt werden. Andere begründeten Trinksucht, indem sie ihre Lust kunstvoll als »innere Medizin« vernebelten.

Wenn hier Schiller mehr Gläser als Goethe eingeschenkt werden, dann deshalb, weil für Goethe ganze Flaschen, auch von mir, gefüllt wurden. In der »Lustvollen Reise eines Weintrinkers in die Welt der Bücher« sowie in den »Welttrunkenen Geschichten von Saale und Unstrut – Kulturhistorische Facetten aus der Weinflasche« schillerte es nur zwischendurch. Dafür konnten sie über 50 Seiten und länger mit Goethe bechern. Der ausgiebige Rausch mit Schiller versöhnt mich nun mit ihm.

Weinduft aus vergangener Zeit, Gesänge aus verborgenen Kellern und Gläserklingen von anderen Ufern, trinken wir darauf! Prosten wir Georg Christoph Lichtenberg (1742–1799) zu: »Es sind wenig Dinge in der Welt, die eines Philosophen so würdig sind, als die Flasche, die cum spe diviti durch die Gurgel eines Liebhabers oder eines Dichters fließt.«

Über das Trinken,
den Rausch und eine
menschliche Welt

Geoffrey Chaucer
(etwa 1340–1400)

»Ein lüstern Ding ist Wein, und Trunkenheit«. Von ihm, dem »Vater der englischen Dichtung« sowie Sohn und Enkel englischer Weinhändler weiß man wenig, was für das Schreiben eines Essays sehr günstig ist. Man kann munter darauf los fabulieren. Der Mann des aufstrebenden Bürgertums weilte in Flandern, aber auch mehrmals in den großen Weinländern Frankreich und Italien und ließ sich dort von der Literatur und »voll Wein wie Flaschen in der Vorratskammer« beeindrucken. Er rang außerhalb von Trockendocks um humanistische Bildung. Bei ihm, einem hervorragenden Wortschöpfer, dem Begründer der »Magna Charta der englischen Sprache«, erscheint überhaupt zum ersten Mal in der englischen Literatur das Wort »humanitee«. Humorvoll derb hielt er in seinen Werken dem Volk in verständlicher Sprache seine Verschrobenheit, Fehler und Unzulänglichkeiten vor. Dabei konnte er sich selbst auf die Schippe nehmen: »Nicht ein Dreck ist dein Gereime wert!« Gerade auch deswegen finden sich in meiner Sammlung »Kunst und Wein« die verschiedensten Ausgaben dieses sinnenfrohen Mannes. Die liebste aber ist mir die von unserem Freund Werner Klemke grafisch ausgestattete Ausgabe.

Chaucer erlebte den Bauernaufstand 1381 unter Wat Taylor und John Ball. »Die Armut möchte ich eine Brille nennen, / Durch die die echten Freunde wir erkennen.« Er bezieht sich auf die Sprüche Salomos im Alten Testament, »da wird nachdrücklich / Der Weingenuß beim Ritterstand gerügt«, denn sie möchten der Rechte vergessen. So klagte er Betrügereien, Korruption und Sittenlosigkeit an. »Wie teuer die verfluchte Lust sich stellt'! / Die Schlemmerei verdarb die ganze Welt.« Auf Kirchenleute war er ebenfalls nicht gut zu sprechen.

Geoffrey Chaucer

Von ihnen meinte er: Ein »kotbeschmierter Schäfer stehe reinen Schafen« vor. Kein Wunder, daß es Übersetzungen wie die von Wilhelm Löwinger gab. Dieser entsorgte »wegen besserer Lesbarkeit« den kritischen Geist und die derbe Offenheit Chaucers. »Wer meinem Urteil wagt zu widersprechen, / Der zahlt für uns des ganzen Weges Zechen«.

Chaucer läßt mörderische Schufte an ihrer Trinksucht sterben, nachdem sie gierig, aber ahnungslos nach der Giftflasche greifen. Chaucer, der so manches Faß anstach – »den Wein kredenzte Bacchus in der Runde« –, wäre unverständlich, wenn er nicht selbst »benommen von des Weines Übermaß« gewesen wäre.

Giovanni Boccaccio (1313–1375) war wohl neben anderen ein Pate für Chaucers urwüchsigere »Canterbury Tales«. Von Werner Klemke mit feinem Pinselstrich köstlich grafisch ausgestattet, werden im Prolog die erzählenden dreißig Persönlichkeiten vorgestellt. So heißt es zum Büttel: »Für ein Quart Wein gönnt' jedem Schurken er / Die Konkubine für ein Jahr und mehr«. Herrlich, der Flüssigkeitspunkt seiner Erzählungen ist das überschwemmte Londoner Gasthaus »Tabard«. Dort – panta rhei – sprudeln aus Weinkrügen, »Stark war der Wein, den gern wir tranken drauf«, seine Erkenntnisse über Speise und Trank. Für die Pilgerfahrt aus der Kneipe nach Canterbury heißt es: »Daß guten Trunk wir immer bei uns führen ... O Bacchus, Bacchus, hoch seist du verehrt!« Weinschenken und Weine, wie der in England gern getrunkene schäumende Claret, ein Wein mit Honig und Gewürzen gemischt, der Jerez ähnliche, weiße Verschnitt Conrado de Huelva aus Lepe, der Malvasier sowie der Toskaner ergötzen die Pilger. Und »es schleicht sich heimlich dieser spansche Wein / in die benachbarten Weinsorten ein«. Es geht ihm um gepanschten Bordeaux.

Und: »Die Heilige Schrift wird selber mir bezeugen,

/ Daß Wein und Trunksucht Wollust nur erzeugen.« Doch »Nein, nach dem Rebensaft steht mein Gelüste / Und einer schmucken Dirn in jeder Stadt. ... Und nach dem Weine zieht es zur Venus mich / ... Nicht widersteht die weinberauschte Frau, / Das wissen alle Wüstlinge genau. ... Weh, wehe, daß man Lieben Sünde nennt!« Wieviel solcher Sünden braucht es, um ein Leben zu füllen? Doch auf die Liebe zu den Frauen bezogen, lesen wir bei Chaucer: »Doch kurz sind Erdenfreuden«. Seine wechselvollen Ansichten lassen den Schluß zu: Er hatte da keine glückliche Hand. Die meisten Partnerbeziehungen gehen sowieso irgendwann in die Hose. Jeder trinkt seinen Wein. Der andere trinkt eben anderen Wein.

Heute werden dir in Canterbury seine Ritter, Büttel, Müller, Weiber sowie Nonnenpriester als Event an die Seite gestellt und machen dich trunken scharf. Hab aber acht: »Wer über sich den Trunk läßt Herrschaft haben, / Hat kein Geheimnis mehr in seiner Macht / Vor Rotem nehmt und Weißem euch in acht ...« Als 2005 die Kneipensperrstunde in England aufgehoben wurde, dachte man weniger an unseren Dichter. Das Delirium vor dreiundzwanzig Uhr sollte bis auf den Morgen verteilt werden. Chaucer bereitete im düsteren Mittelalter mit der Abfassung seiner lebensvollen Erzählungen dem Mythos vom ausschließlich jenseitsgerichteten Menschen ein Ende. Er aber verlor im Diesseits seine Ämter. Sein Gönner John von Gaunt war schon 1336 gestürzt worden. Allerdings besserte dessen Sohn, nachdem er 1399 als Heinrich IV. König von England wurde, Chaucers Rente im letzten Lebensjahr auf. Wir wissen allzugut, wer sein Leben an politische Gönner binden muß, der geht mit ihnen unter. Spürte er da, wie es im Fernen Osten hieß: Der Sieger hat viele Freunde, der Besiegte hat gute Freunde? Die »Klage an seine leere Börse« spricht davon, daß er nicht immer in der Windrichtung stand. Recht verarmt hatte Chaucer sich einen Schutzbrief besorgt, um nicht in Schuldhaft zu geraten, weil er »oftmals königliche Aufträge auszuführen habe«. Aber schon damals bekam man vor Gericht nicht sein Recht. Man bekam ein Urteil und dies konnte folgenschwer sein. Er wäre im Kerker gelandet.

Wolfgang Borchert, wie für Chaucer gedacht, schrieb: »... berauscht von Licht und Dunkel ... Sauft doch das Leben ... das Leben selbst ist Wein.« Hoffentlich war sein Ende nicht allzu trocken und er trank noch seine Flasche. Dr. Labuhn sandte mir 2009 Fotos von einem alten Haus in Canterbury. Auf zwei reliefartigen Bildwerken trinkt, treffend für Chaucer, Bacchus auf einem Faß reitend zwischen prangenden Trauben Wein.

Er starb mitten in der Abfassung der Erzählungen. Chaucer wurde in der Westminster Abtei als erster Dichter in der poets corner beigesetzt.

Johannes Gutenberg

Johannes Gutenberg

(1394-1468)

Johannes Gensfleisch stampfte in Eltville um 1413 barfüßig die Trauben im Bottich. Dabei prägte sich ihm nebenbei die Arbeitsweise der Pressen ein. Gutenberg waren auch die Stockpresse der Buchbinder und die Gautschpresse der Papiermacher bekannt. Der Reibedruck der Holzschneider brachte ihn wahrscheinlich auf den Druck mit beweglichen Lettern. Was sind Eingebungen anderes als zum Ausdruck kommende gesammelte Erfahrungen. Neuerdings streitet man sich, ob Gutenberg die Lettern in Metall- oder in Sandformen gegossen hat. Da die Buchstaben recht unterschiedliche Gestalt aufweisen, wird es wohl die Sandform gewesen sein. Jedoch auf Sand hatte Gutenberg nur finanziell gebaut. Gutenberg bestellte, nachdem er von Goldschmieden Metalltypen gießen lernte, um das Jahr 1435 herum beim Kistner Konrad Saspach eine Druckerpresse. »Es war eine veränderte Weinpresse. Aus einer Vorrichtung zur Herstellung von Wein wurde eine Vorrichtung zur Herstellung von Büchern ... Bacchus gehört zu den Göttern, die Gutenberg zur Seite standen ... Das Geistige der Buchherstellung sollte in Verbindung mit dem Geistigen des Weins gesehen werden«, meinte der Wein- und Bücherfreund, der Typograf und Historiograf Prof. Dr. Albert Kapr. Hier mischte nicht der Stein, sondern der Wein des Weisen mit. So schenkte mir Albert Kapr das Büchlein »Johannes Gutenberg und der Wein« mit einer Widmung in Gestalt eines Weinglases. Friedrich Engels übersetzte die »Gutenberg-Ode« des spanischen Dichters Manuel José Quintana (1772-1857) ins Deutsche. Kapr zitiert daraus. Was sonst dem Geist so gar nicht schmeckt, unsere beiden Geister gedeihen unter Druck. Gutenberg eröffnete für Europa den Druck mit

 22

beweglichen Lettern. Statt handschriftlicher Herstellung von Büchern wurde nun die mechanische möglich. Fünf Jahrhunderte wurde mit diesen weingeborenen Pressen gedruckt und die Bücher sogar in Weinfässern transportiert. Wie sich nur Wein von Güte über die Jahre hält, so auch nur gedruckte Bücher mit Papier aus Hadern. Saure Papiere sind so geringfügig alterungsbeständig wie saure Weine. Wenn das schlichte Gewand von Büchern für Güte zeugt, so auch eine unauffällige Ausstattung von Flaschen für Weine von Güte. Nicht nur Schriften und Papier mußten genetzt werden. »Weil man Schriften und Papier / alles wohl feucht muß haben, / so pflegen auch mit Wein und Bier / die Gesellen sich zu laben.« (Geßner/Haber) Ja, sogar der Druckfehlerteufel kam im angeheiterten Zustand nicht zum Zug: »Gleich wie kein Fisch im Truckenen wird geruckt, / So wird kein Druck im Truckenen gut gedruckt.« (Jacob Redinger) Ich weiß bis heute, daß man die Drucker bei guter Laune halten muß. Wie bereits Gutenberg einen ansehnlichen Weinkeller besaß, so netzten über Jahrhunderte die Drucker zur Leistungssteigerung ihre Kehlen besonders gut. Eine Steuererklärung von 1439 weist nach, daß Gutenberg »eineinhalb Fuder und sechs Ohm Wein«, etwa 2400 Liter, einlagerte. Demnach sollen in Straßburg im Hause Gutenberg fünf Liter Wein je Tag durch die Hälse geronnen sein. Durch den Priester Anton Heilmann wissen wir, daß Gutenberg ebenso 500 Liter Wein und 75 Liter Branntwein geschenkt bekam. Als aber die Armagnaken 1444 vor Straßburg aufzogen, könnte angenommen werden, daß sie auch die Heimstatt Gutenbergs beim Kloster Sankt Arbogast plünderten. 1448 ist sein Aufenthalt in Mainz im Gutenberghof bei guten Geschäften mit seiner Druckerei sicher. Der Wiegendrucker Schall 1479 schrieb, daß »dank der göttlichen neuen Erfindung« Bücher nun so leicht zu vervielfältigen sind, »wie aus einer Rebe durch Setzlinge viele Rebstöcke gezogen, und so ein ganzer Weinberg gewonnen wird.« Doch als der Erzbischof Adolf von Nassau Mainz eroberte, floh Gutenberg nach Eltville.

Die gedruckten Bücher dienten von Beginn an gesellschaftlichen Auseinandersetzungen. Die Herrschenden bemächtigten sich des Gedruckten, also der Bücher und der Flugblätter, um ihre Ideologien durchzusetzen. Die Ästhetik des Gedruckten, vor allem die Gestaltung der Lettern und des Satzes, knüpften an die wunderbaren Handschriften des Mittelalters an. Der Verfall der Buchkunst setzte eigentlich erst mit der industriellen Fertigung von Büchern gegen Ende des 19. Jahrhunderts ein. Heute achten sogar renommierte Verlage, die bisher noch das »Gute Buch« hochhielten, aus Kostengründen nicht mehr auf ästhetische Gestaltung. Du kannst die Bücher auch nicht aufgeklappt vor dir liegenlassen.

Obwohl man im Alter verdorrt, lag Gutenberg im Alter in seinem Haushalt mit etwa der gleichen Menge Wein am Tage nicht trocken. Er aber setzte alle seine finanziellen Mittel für die Verbesserung des Druckverfahrens ein. Kapr meint, auch den Wein habe Gutenberg nur dazu genutzt, um seinem Druckverfahren neuen Geist einzuhauchen. Wir wissen, welche produktiven Kräfte dem Wein inne wohnen. Aber Gutenberg geriet im Alter unter drückende Schuldenberge, und er wurde vom Hofgericht zu Rottweil verfolgt. 1465, wieder in Eltville, ernannte ihn der Erzbischof Adolf (Kurfürst Adolf II.) zum Hofmann. Der hatte wohl Wind von der Bedeutung dieser Buchdruckerkunst bekommen. Adolf befreite ihn auch von allen Diensten, Lasten sowie Steuern, und er bekam unter anderem jährlich 20 Malter Korn (wahrscheinlich dort 1 Malter = 1,5 hl) und zwei Fuder, etwa 2000 Liter, Wein. Dies wären fünfeinhalb Liter täglich gewesen. Diese Ehrung war die einzige zu Leb-

24

zeiten Gutenbergs gewesen. Zur Gutenberg-Feier 1900 wurde ein Faßboden zu seinen Ehren geschnitzt. Das Faß steht in der Mainzer Sektkellerei Kupferberg. Im Jahre 2000 wurde in Mainz die Oper »G«, Gutenberg das Genie, von Gavin Bryars uraufgeführt. Auf seinem trinkgesättigten Gang mit Gevatter Hein begegnen wir **Gotthold Ephraim Lessing**s (1729-1781) Leitspruch: »Ob ich morgen lebe, / Weiß ich freilich nicht: / Aber, wenn ich morgen lebe, / Daß ich morgen trinken werde, / Weiß ich ganz gewiß.«

Mark Twain schrieb: »Die ganze Welt gibt ohne zu zögern zu, ... daß Gutenbergs Erfindung das unvergleichlich größte Ereignis ist, das die Weltgeschichte kennt.«

Trotz Elektronik und Plaste, Zellulose bleibt der entscheidende Grundstoff fürs Papier. Im Gedenken an Gutenberg warnt uns die Greenpeace-Sorge um unsere gefährdete Natur: »Mit dem Fällen der Bäume begann die Kultur – mit dem Fallen des letzten Baumes endet sie.«

Zum Wohle! Auf den großen Erfinder und den Riesling von Eltville!

William Shakespeare
(1564-1616)

»In den Locken Efeuranken, / Trinkt bis alle Welten
schwanken«. Aus seiner Flasche entweicht der lüsterne, dickwanstige, ins Bürgermilieu abgestürzte, etwas
lumpige Ritter und berühmteste literarische Säufer –
Sir John Falstaff. Wer Shakespeare auch immer war,
er schöpfte oft aus Chaucers Humpen. »Ja, ein derber
und trockener Spaß, nichts geht uns darüber; / Aber
der Jammer auch, wenn er nur naß ist, gefällt.« Falstaff
selbst kennt sich mit dem Weingeist aus: »Er steigt
euch ins Gehirn, zerteilt da alle die albernen, dummen
und rohen Dünste, die es umgeben, macht es sinnig,
schnell und erfinderisch, voll von behenden, feurigen
und ergötzlichen Bildern; wenn diese dann der Stimme,
der Zunge überliefert werden, was ihre Geburt ist, so
wird vortrefflicher Witz daraus.« Jedoch Shakespeare
wußte auch: »Wenn alle Tage gefeiert würden, so
würde Spiel so lästig sein wie Arbeit.« Eigentlich
brachten in Europa der Franzose **Francois Rabelais**
(1494-1553) mit seinem »Gargantua und Pantagreul«
und in Deutschland sein Nachdichter **Johann Fischart** (1546-1590) die trinkfeste Säufergestalt als Gur-
gelritter in die Literatur. »Füllt das Glas, ich trink es
leer, / Und wär's eine Meil bis zum Boden ...« Diesen
Trinkern taten Tag für Tag die Haare weh. Wiederum
zum Glück weiß man bis heute wenig Sicheres über
Shakespeare. Als Person bleibt er rätselhafter Geheim-
nisträger. Weder kann man Manuskripte noch Briefe
und Tagebücher von seiner Hand einsehen. Wieder
Mal ist ein zeitgenössisches Bild von ihm aufgetaucht.
Sicher scheint nur zu sein, daß der Verfasser zu trinken verstand. Unsicher bleiben seine Konterfeis. Ben
Johnson sagte schon 1623: »Leser, blicke nicht auf
sein Bild, sondern in sein Buch.« Wer verfaßte die ihm

 26

William Shakespeare

zugeschriebenen Stücke? Nun soll er mit Frauen und in Kneipen einen recht lockeren Lebenswandel geführt haben. Als »William der Eroberer« ist er oft seinen Rivalen zuvorgekommen. »Wer in Rätseln beichtet, wird in Rätseln losgesprochen.« Nachdem nun **August Wilhelm Schlegel** (1767-1845) »an der Saale hellem Strande« zu Schulpforta sich das Sattelzeug für seinen Pegasus holte, bringt er uns zusammen mit **Johann Ludwig Tieck** (1793-1853), dessen **Tochter Dorothea** und **Wolf Graf Baudissin** (1789-1878), und zwar auf Anregung und mit Hilfe unseres **Gottfried August Bürger**s (1747-1794), den unverwüstlichen Falstaff voller Saft und Kraft, ins Deutsche. Das Urbild des weinseligen Trunkenboldes sprach nun nicht nur deutsch, sondern das erste Mal gerieten ihm Gehalt, Geist und Form als deutsche Nachdichtung zusammen. Wenn auch Peter Hacks den »guten alten« Schlegel »ein dickes Gespenst« nannte und Heinrich Heine meinte, daß er »kein Paganini« war und ihm »immer ein künstliches, absichtliches Hinzulügen in einem Rausch ohne Trunkenheit« bleibt, der Trunkenbold sprach ein »gehobenes« Deutsch in kanonischen Versen. **Christoph Martin Wieland** (1733-1813), ab 1775 als Weimarer auch ein Mann unserer Toskana des Nordens, übersetzte Shakespeare wohl in Prosa, aber gar nicht so zimperlich. Da steigern sich »Liebeswut« und Lustgewinn. Auch **Ernst Ortlepp** (1800-1864), unser trunkener Sänger aus dem Saaletal, übersetzte Shakespeare in solch einer Art, daß der Reclam Verlag darauf zurückgriff. Von der Vielzahl der Übersetzungen entspricht die großartige, radikaldemokratische, sprechbare und genüßliche Neuübersetzung von **Erich Fried** (1921-1988) am ehesten Lichtenbergs Wunsch: »Unter den heiligsten Zeilen Shakespeares wünschte ich, daß diejenigen einmal mit Rot erscheinen möchten, die wir einem zur glücklichen Stunde getrunkenen Glas

 28

Wein zu danken haben.« Das Gute bei Shakespeare, wie in seinem Sommernachtstraum, ist die belebende Natur. Die Friedfertigkeit und ein bescheidenes sowie auch turbulentes Leben freier, einander sich zuneigender heiterer Menschen in der Gemeinschaft stehen im Kontrast zu Reichtum, Unersättlichkeit, irrer Herrschergier und ichbezogener Lüsternheit. Das Seelische wird bei ihm zum Sozialen und das Soziale zum Seelischen. So wollte der Großkotz Sir John Falstaff um 1600 mit voller Gurgel den lustigen Windsorweibern an die Wäsche. Ihren Männern sollte es an die Geldbeutel gehen. Die Weiber ließen ihn über die Klinge springen und ihre Männer achteten auf ihre Beutel. Am Ende dieser Lokalposse mußte Falstaff selber die Hosen herunter lassen. »Wein weckt bei Männern guten Willen, / doch löscht man einen Durst zu gern, / kann man den anderen nicht mehr stillen.« Shakespeare schrieb die »Klamotte« auf Weisung von Königin Elisabeth I. Die genehmigte sich selbst gerne einen Trunk. Shakespeare füllte diesen wenn auch etwas zu groß geratenen Humpen: »Wenn ich tausend Söhne hätte, der erste menschliche Grundsatz, den ich ihnen lehren wollte, sollte sein, dünnes Getränk abzuschwören und sich dem sack zu ergeben.« Wolf Graf Baudissin übersetzte die Komödie. »Komm, braune Hanne, her / Reich mir die Kanne her / Füll mir den Schlund! / Lösch mir der Kehle Brand, / Trinken ist keine Schand.« Elisabeth, die vielleicht die vielen Königsmorde satt hatte, wollte den zügellosen Lumpen aus Heinrich IV. einmal »in love« als heiteren Komödianten sehen. Das spricht für die Königin: Ein verlumpter Adliger, der Bürgerlichen unterliegt und der Lächerlichkeit preisgegeben wird. Für sie spricht ebenfalls, daß Shakespeare 40 Mal am Hofe der Königin als Theaterteilhaber und Schauspieler mit seiner Truppe auftrat. Aber für die Metternich'sche Restauration spricht gar nichts mehr. Shakespeares

Dramen wurden fast alle von der »Heiligen Allianz« verboten. Sie regten zur Absetzung und Ermordung von Königen an. Es sollte auch keiner glauben, daß die Adligen Bürgerlichen unterliegen und etwa Herrscher im Unglück den Kopf verlieren. Den Feudalgewaltigen saß tief in den Knochen, daß die französischen Revolutionäre am 21.1.1793 König Ludwig XVI. hingerichtet hatten und ihn zuvor 1792 mit der Jakobinermütze auf das Wohl der Republik trinken ließen. Wahrheiten sind unangenehm. Shakespeare kann unterhalten, jedoch das, was wir heute als Event kennen, davon hielt er sich fern. Uns aber sagte er: »so hebt die gleiche Teilung Unmaß auf, / Und jeder hätt' genug. ... ich selbst fühl, was die Armen fühlen, / damit ich ihnen meinen Überfluß / noch einmal abtret und gerechter bin.« Mit dieser Erfahrung betrachtete Schlegel Falstaff vielleicht auch als Menschen, der sich in einer gnadenlosen Welt weigerte, an sich zu verzagen. Vielleicht will dieser »bacchantische Schwerenöter« eben auch nur seine Flasche Wein abbekommen und »alle Unfreundlichkeiten heruntertrinken«. So singen auch »Die Lustigen Weiber von Windsor«: »Wohl an Ihr Herzen, wir wollen den alten Groll heruntertrinken« sowie Genuß und Lust nicht vergessen. »Wer zuletzt lacht, lacht am besten.« Wer diese sinnlich prall gefüllten Fässer leert, der wird mit Goethe mehr als Weingeist finden, es »ist dies die Eigenschaft des Geistes, daß er den Geist ewig anregt«.

Laß fahren dahin! Shakespeare soll als reicher Mann im Gefolge eines Gelages, wie begehrenswert, das Zeitliche gesegnet haben.

»Ende gut, alles gut!«

Giuseppe Verdi

Giuseppe Verdi

(1813-1901)

Giuseppe Verdi schuf ab 1890 mit Witz und »gepfefferter Vitalität« sowie voller Altersweisheit die musikalische Prachtgestalt Falstaff. Die Premiere von Falstaff erlebte der Achtzigjährige am 9. Februar 1893 an der Mailänder Scala. An seinem vielseitig gebildeten »Dichter und Komponisten« Arrigo Boito besaß er eine ihm entsprechende Stütze und im zittrigen Alter blies dieser ihm beim Falstaff »den verglühenden Funken« an. Er deutete ebenso im Othello für Verdi Shakespeare, ohne dessen »Größe in Tragik und Komik« zu opfern. Verdis Musikschaffen klang nach seinen atemberaubenden, dramatisch tragischen Opern mit einem lyrischen Werk der prallen Lebenslust aus: »Alles ist Spaß auf Erden – lauter Gefoppte. ... Als Possenreißer ist der Mensch geboren.« Er aber huldigte der Ansicht, daß man »dem Lächeln jenes breite, tiefe, ansteckende Lachen folgen lassen müßte ...« er wollte uns daran erinnern, daß man »Gott auch in der Freude dienen« kann. Ihm ging es nicht um »das vulgäre, animalische Gelächter, wie es die Operette mit dem Kneifen ins Hinterteil provoziert, sondern um das homerische Gelächter, das überzeugt und nicht abstößt ... und das den Menschen nicht dem Tier zum Fraß vorwirft«. In »La Travatia« wird der illlegitime Status einer Halbweltdame schicksalhaft sozial realistisch auf der Bühne dargestellt. Die Kameliendame, wie bezeichnend, verliert augenblicklich ihre Aufrichtigkeit. Der Bourgeois triumphiert. Verdi selbst weigerte sich, seine zweite standesamtliche Ehe mit einer Sängerin, man sagte dazumal mit zweifelhaftem Ruf, kirchlich absegnen zu lassen. Er war überhaupt kein Mann der Kirche. Einer, der sich sein Leben lang als Bauer fühlte, läßt mit seiner Musik »alle Schwere hinter sich«. Erleichtert widerspricht er dem Gängigen, indem er die unsicheren Seiten des Lebens bestätigend ins Spiel bringt.

Er stammte aus einer bäuerlichen Osteria. Der Sohn einer Spinnerin sowie eines Schankwirtes und Krämers aus Le Roncole steht in den Registern unter dem Vornamen »Joseph«. Napoleon hatte sich auch diese Gebiete einverleibt. Nach Napoleons Sturz beherrschten fremde Mächte das in Fürstentümer zerrissene Italien. Überall begehrte das Volk auf. Sein Vater, der die Anlagen seines Sohnes erkannte, schaffte ein gebrechliches Klavier an. Ein Freund setzte es kostenlos instand. Später pflegte Giuseppe lieber die Reben und Tiere auf seinem Musterlandgut St. Agata, als daß er komponierte. »Künstler bin ich, vielleicht wenn ich die Feder in der Hand habe. Aber nicht eine Minute länger. Ich kehre sofort ins gewöhnliche Leben zurück.« Ohne Bindung zum Volk war ihm das kein Leben. In ihm lebte die »Volks-, ja sogar Landsmannseele, jung, wild, ursprünglich, diese Seele, die bezwingend aufscheint, weil sie alle, auch die Alten, die Müden und die Enttäuschten daran erinnert, wie schön die Jugend ist.« Das Volk blieb ihm Kraftquell sein Leben lang. Ihm ging es wie Glinka: »Das Volk komponiert, wir, die Komponisten, arrangieren nur!« Obwohl er als Gutsherr »zuweilen gefürchteter Fachmann« war, seine Existenzgrundlage blieb das Komponieren. Er lebte eben nicht von seinem Landgut, er lebte mit ihm. Aber auch auf den Proben zur Aufführung seiner Werke war der Maestro mit seinem kritischen Blick »mehr gefürchtet als geliebt«. Allerdings heißt es 1857 in einem Brief an Léon Escudier: »Seine Liebe zum Landleben ist zur Manie geworden, zu Wahnsinn, Sucht, Wut – alles was übertrieben ist. Er steht fast im Morgengrauen auf, um den Weizen, den Mais, die Weinstöcke und so weiter zu inspizieren ...« Franz Werfel schreibt 1924: »Ja! Er liebte seine Felder, er liebte sein Gestüt, seine

Tiere, ja selbst die Straßenbauten, Wasseranlagen, all die Unruhe, die er in die simple altmodische Gegend gebracht hatte.« Aber »er war kein Bauer mehr.« Die »reife, musterhafte Fraktur seiner Musik« spiegelte sich dennoch unmißverständlich in seinem Landgut wider. In beiden zeigte sich sein Eigenes. Oft mietete er alle Leierkästen seiner Umgebung, um Ruhe »vor seinen Melodien zu haben«. In Parma und Umgebung, besonders in Busseto, ziert sein Bild noch heute die Etiketten von Weinflaschen, obwohl ihm die Stadt einst nicht wohlgesonnen war. Auf seinem Gut wurde den Gästen als einfacher Landwein der Lambrusco kredenzt. Sein Alltagswein war aber der Chianti. Man findet bei diesem Wein, wie das Genre erfordert, die leichte prickelnde Ausgelassenheit. Kanzonetten gehen ohne »italienische feurige Weine« nicht ins Blut und auch nicht in die Beine. Jedoch E.T.A. Hoffmann und Charles Baudelaire raten uns: Bei der »komischen Oper muß Champagner ins Glas«.

Viva Verdi! Wort, Ton, charakterliche Haltung und gesellschaftliche Tat waren ihm Einheit. Er schweißte wieder »zu Ehren Italiens … Wahrheit und Musik« zusammen. »Aber die Pfaffen, die Mönche, die Heuchler werden Skandal machen …« 1836, in jungen Jahren, wollte die Geistlichkeit dem »weltlichen« Verdi sogar die Stelle des Organisten in Busseto verwehren. Aber er war begeisterter Anhänger Garibaldis und verabscheute österreichische und preußische Barbarei. Er wollte nicht wie viele unserer heutigen Kulturschaffenden, keinen Anstoß erregen und immer schön den Herrschenden nach dem Munde reden. Leidenschaftlich nahm er am politischen Leben Anteil. Er unterstützte die italienischen Einigungsbestrebungen mit Geld und Waffen. Als Abgeordneter forderte er die Verstaatlichung von Opern, Orchestern und Berufschören sowie kostenlosen Gesangsunterricht und staatliche Konservatorien. Jedoch dachte er nicht daran, seine Kunst in den Dienst der Politik der Herrschenden zu stellen. Er bediente sich ihrer und nutzte die patriotische Begeisterung des aufbegehrenden Volkes für seine Werke. Auch wenn sich »der König vergnügt«, seine Musik sprang von der Bühne wie ein revolutionärer Funke unter die begeisterten Menschen. Bei ihm hat »das Volk als patriotische Kraft [wie] niemals zuvor eine so machtvolle musikalische Charakteristik erhalten.« Das Volk erkannte sich in seiner Musik wieder. »Va, pensiero, sull' ali dorate - Flieg' Gedanke, auf goldenen Schwingen«. Noch bei seiner Trauerfeier sang das Volk dieses Lied. Viele seiner Melodien wurden Volkslieder. Argwöhnisch zensierten die Habsburger seine aufrüttelnden Werke und zwangen ihn, Librettos zu entschärfen. Aus mißliebigen Königen und Grafen sollten einfachere Personen werden. Er wandte sich mit ganzer Kraft gegen Änderungen seiner Werke. Obwohl er ein enormes Vermögen anhäufte, schrieb er 1874 an seinen Verlag. »Ich hatte andere Absichten mit meiner Kunst ...« Von seinen Sängern verlangte er nicht einfach schöne Stimmen. »Aber Geist und Seele müssen sie haben.«

Du kelterst in deinen Fässern Goethe, Friedrich Schiller sowie Victor Hugo und füllst sie in Shakespeares Wein: »Das Wahre zu kopieren kann gut sein, aber das Wahre« gegen den Verlust der Liebe »zu erfinden ist besser, viel besser.« Phantasie und Liebe gehören ins gleiche Glas. Oft gab er seinen Textern die Texte vor. Aber nicht nur der Falstaff, »diese mutwillig, flimmernde , witzsprühende, von allen guten Spottgeistern gesegnete fröhliche Wissenschaft«, zeigt einen »köstlich reif, weise, heiter und gütig gewordenen Menschen ...«. Jedoch sein »unverbesserlicher Revoluzzer« Falstaff ist einer, der noch mit vollblütiger Natur gegen die gekünstelte Welt, wenn auch manchmal kummervoll, trinkt.

35

2001 drückte sich Peter Konwitschny drastischer aus und warnt uns Manipulierte: »Wir sind alle Verarschte«. Diese letzten Melodien, Lieder, Texte und Personen der musikalischen Komödie könnten ein melancholisch trauriger Abgesang auf Verdis unzeitgemäß gealtertes Jahrhundert gewesen sein. Falstaff, seine Gesellen und die Bürgerlichen erscheinen angeheitert und augenzwinkernd wie ein vorweggenommener Spiegel der Dissonanzen im Irrenhaus des 20. Jahrhunderts. Doch alle, die den unersättlichen Saufbraus und Schürzenjäger auf einen in Altersgeilheit mit letzten Zuckungen reduzieren, die habe ich im Verdacht, selber leber- und lendenlahm zu sein. Sie trinken nicht mit vollen Zügen aus dem Glas. Sie sitzen unter Glas. Eher hatte Verdi vor, diesen heraufziehenden geistig minderbemittelten Mittelmäßigen einfach nur heiter Hörner aufzusetzen. Der versoffene Dickwanst, der immerhin noch eine Lippe riskiert, behält sogar das letzte Wort. Die Frauen aber, wie so oft, machen das Rennen. Ihre Herzen waren stärker »als Raffgier und Machtdenken.« Obwohl sie Falstaff zur Strecke brachten, irgendwie scheint er ihnen liebenswürdiger als all das andere blaß-hölzerne Biedermannsvolk zu sein. Mit allen Weinen getrunken, lockt die Sünde amüsant. Falstaff konnte ebenso geschehen, was später dem Naturwissenschaftler **Thomas Henry Huxley** (1825-1895), dem unverschämten Trinker und »verschämten Materialisten«, einem Förderer von Darwin, geschah. Als ein Antialkoholiker bei ihm Portwein mit der Bemerkung ablehnte, er würde lieber Ehebruch begehen, als ein Glas Portwein trinken, antwortete der Gastgeber tiefsinnig: »Wer würde das nicht! Wie leer wär' unsre Welt ohne Sünde unterm Himmelszelt.« »Von Zeit zu Zeit muß man einmal sündigen, sonst verliert man den Spaß an der Tugend.« (Ilona Bodden) »Befreit mich aus der engen Welt.« Lassen wir Falstaff »Maß für Maß, ... Wie es euch gefällt« trinken. **Gioacchino Rossini** (1792-1868) für seinen »Barbier von Sevilla« von Verdi bewundert, erlebte: »Essen, Trinken, Lieben und Singen – das sind in Wahrheit die vier Akte der Komischen Oper, die das Leben heißt und es vergeht, wie der Schaum einer Flasche Champagner.« Männer und Frauen sind nun mal zum Lieben und die Weine zum Trinken da. Gebt das Leben nicht preis! Richard Strauss, der 1895 Verdi eine Partitur sandte, weil »ich die Worte nicht finde den großen Eindruck wiederzugeben«, schrieb über die »außerordentliche Schönheit des Falstaff« und »diese geistige Erfrischung« für ihn. Den feinsten Kontrapunkt verbindet er mit der höchsten Gesanglichkeit der italienischen Oper. Wie Falstaff und Verdi nütze das Alte und das Alter, denn sie vergehen. Und überhaupt und außerdem, »die interessante Frage ist nicht, wie alt man wird, sondern wie man alt wird«. (Alfred Kerr) So bleibt trotz Altersbeschwerden »dieses Tempo des Falstaff, diese Kraft, es in rhythmischer Mannigfaltigkeit, mit einem wohlerwogenen Auf und Ab von Stimmungen zu halten, das ... Jugendliche an ihm«. »Ein leichtes Herz lebt lang.« Wann kommt die nächste Flasche? Nachdem er 1881 auf seinem Mustergut Hungernden mit Notstandsarbeit die Existenz ermöglichte, stiftete Verdi 1888 ein Krankenhaus in Villanova sull' Arda und ließ seit 1895 mit seinen Mitteln in Mailand die »Casa di Riposo«, das Haus der Ruhe errichten. So konnten ab 1899 hundert alternde Musiker noch ihre Flaschen ohne Sorgen trinken. Der arm geborene Verdi starb als reicher und als bekanntester Italiener. Um die 200.000 Menschen folgten seinem Sarg und sangen den Gefangenenchor aus Nabucco.

»Musik ist das Zweitschönste auf der Welt. Sie kann das Schönste beschreiben: Die Liebe.«

Heinrich IV.
(1553-1610)

Die bekannte historische Größe, von 1589 bis zu seiner Ermordung 1610 französischer König, versprach seinem Volk wöchentlich ein Suppenhuhn und täglich Wein. Obwohl Heinrich IV. vom Regierungsmittel Delirium nicht nur wußte, galt er als guter König. Wer nicht lächeln kann, sollte kein König sein. Ihm widmete Heinrich Mann als »Geschichts- und Menschheitsgedicht ...« bei »grimmige(r) Kenntnis des Höllisch-Bösen« (Thomas Mann) zwei Romane.

Bei seiner Geburt in Pau wurde Heinrich weder wie Goethe, dem die Luft weg blieb, in einen Fleischarden gelegt, noch massierte man ihm sein Herz mit Wein. Ihn legte man in einen Schildkrötenpanzer, tränkte ihn mit Wein und beduftete seine Lippen mit Knoblauch. Beide vereinen Wärme, Kraft und Heiterkeit der Sonne der Provence in sich. Henri Quatre, der »Knoblauchmonarch«, scheint ein wichtiges Lebensmotto Goethes vorweggenommen zu haben: Das Leben ist einfach zu kurz, um schlechten Wein zu trinken. Wenn bereits der Wein nicht ganz unschuldig daran war, daß Henri den Lenden seiner Mutter entsproß, jedoch auf ihre Mutterbrust mußte er verzichten. Als Neugeborener wandte er sich an eine weinverständige Amme. »Bedachtsam feuchtete die Amme, Tochter eines Winzers, das Kindermäulchen mit einigen Tropfen des Jurançonnais aus einer silbernen Schale an; dann tauchte sie behutsam die Spitzen ihrer schönen prallen Brüste in den goldfarbenen Wein, hob das zappelnde Wesen an ihre Brust und ließ es Wein- und Frauenmilch gemischt angesichts eines lächelnden Hofstaates trinken.« So half dem Säugling Mutterwein der Pyrenäen auf die Beine. Unser natürlich zu diesem Zeitpunkt noch nicht gekröntes Haupt empfing als erstes Lächeln Weinglück.

Henri Quatre

Die enorme Stimmgewalt von Klein-Henri, die seine hochwohlgeborene Umwelt bald zu nerven begann, stillten sie mit dem gleichen süßen Pyrenäen-Tropfen. Übrigens besänftigte man **Maria Theresias** (1717-1780) fürstliches Babygeschrei auch mit Wein. Später wirkte der liebliche Tokajer so auf ihren unfruchtbaren Schoß, daß er zum Sprossen kam. Dem Jurançon wird nachgesagt: Wenn ein Säugling sein Leben mit diesem Wein auf den Lippen beginnt, dann wird aus ihm ein fröhlicher Mensch. So ward für Henri ein sinnvolles Leben zuallererst ein Leben voller Sinne und er ein »le vert galant – ein derber Liebesabenteuerer.« Die schönsten Frauen fanden sich auch immer wieder in seinem Bett. Kühl muß der Wein, und heiß müssen die Partner sein. Er ließ nicht vom Lustgewinn aus Wein, Kunst und Erotik. Trockene Küsse waren seinem sonnigen Liebesgemüt fremd. So trank der König auch gern ein Gläschen Maraschino mit Eidotter, Vanille und Kognak, genannt Pousse L' Amour. Also: »Löse das Tuch deines Busens, enthülle die Hügel der Freude, damit deine Fülle er nehme.« (Gilgamesch Epos)

Doch welchen Ruf von »nasser Höflichkeit« müssen die deutschen Frauen damals gehabt haben? Heinrich, der Weingetränkte (!), lehnte es ab, eine deutsche Prinzessin zu heiraten, »weil er kein Weinfaß neben sich im Bett haben wollte.« Dagegen lockte ihn seine Jugendgefährtin Margarethe von Valois eines Sommertages 1572 in das Gartenlabyrinth des Louvre. Er genoß das Vergnügen, in die Irre zu gehen, fand zwar heraus, blieb jedoch an Margarethe hängen. Wir lernten den Jurançon leider erst sehr spät kennen. Dem König blieb der Wein verständlicherweise ein Leben lang das Lieblingsgetränk. Sogar dem Sterbenden reichte der Priester einen Kelch mit rotem Jurançonnais Wein. »Selig der Zecher, der sterbend noch trinkt.« Oh' begehrenswerter Tod, mit Wein auf den Lippen zu sterben.

égalité

fraternité

liberté

Montesquieu

Charles Louis de Secondat, Baron de Montesquieu
(1689-1755)

Par dieu! Ein begnadeter Weintrinker, Schriftsteller, Staatstheoretiker, Rechtsphilosoph, literarisch-geistiger Wegbereiter der französischen Revolution, Vater aller bürgerlichen Verfassungen und Weinhändler zugleich, sah sein finanzielles Fundament – drei Weindomänen in bevorzugter Lage – schwanken. Der höchste königliche Beamte in Bordeaux hatte die Beschränkung des Weinbaus befohlen. Während Gutenberg von der Kelter auf seine Druckerpresse kam, beflügelte Montesquieu die Weinwirtschaft. Wenn beide tranken, dachten sie nicht zuletzt an Gelderwerb. Denn »es ist ein Vergnügen, wenn man Vermögen besitzt und es wohl anzulegen weiß«. Aber »die schweren Auflagen machen den Wein zu Paris sehr teuer«. Durch dieses kommerzielle Weinglas geblinzelt, verteufelte Montesquieu in seinen »Persischen Briefen« aus der Sicht eines Orientalen »die Schwächen und Verderbtheiten der europäischen Feudalgesellschaft«. Jedem sind die eigenen Überzeugungen die liebsten. Worauf aber beruhen sie? Nach Goethe: »Unsere Meinungen sind nur Supplemente unserer Existenz.« Da die Menge zu verkaufender Fässer von seiner Unantastbarkeit als »handelnder« Weinbergsbesitzer abhing, wandte sich Montesquieu von der »Natur der Sache« her »rebensaftig« gegen hergekommenes, die Gleichheit aller hemmendes, monarchisches Recht. »Ich habe mein Vermögen nicht mittels des Hofes machen wollen, ich habe danach getrachtet, es dadurch zu erwerben, daß ich meine Ländereien nutze … Montesquieu, Weinhändler«. Auf der Grundlage regional wirkender Faktoren und im Bewußtsein eines vollen Weinkellers vermittelte er uns 1748 in »Vom Geist der Gesetze« aufklärerische Grundauffassungen, die einen »großen schöpferischen Sinn bei der Geschichts- und Staatsbetrachtung« (Goethe) erkennen lassen. Er verlangte nicht weniger als Weintrinker, sondern mehr als Weinerzeuger, »daß man in den Gesetzen die Wirklichkeit nach der Wirklichkeit und nicht die Wirklichkeit nach dem Bilde ... beurteilen soll«. Da denke ich nach über 250 Jahren an meine Mattscheibe vor dem Bildschirm. Nicht genug, daß der französische Monarch Montesquieus Weinerzeugung stoppte, er setzte auch dessen Werk auf den Index. Einer, der wieder nicht auf dem richtigen Gleis war. Ahnte der Theoretiker, wenn er geruhsam beim Bordeaux saß und seine scharfsinnigen Gedanken den Büchern anvertraute, daß die Hoffnungen auf einen guten Verkauf seiner Weine und die ersehnten starken Bilanzen zu Symptomen von Lebensverlust werden sollten? Eigentlich habe ich den Eindruck, daß er der chinesischen Weisheit folgte: »Immer nur lernen, ohne dabei nachzudenken, das führt zur Verwirrung. Immer nur nachzudenken, ohne dabei zu lernen, das führt zur Erschöpfung.« Dieser »Fortschritt«, so bezeichnete ihn der ironisch heitere Historiker Joachim Fernau bereits für das »goldene Zeitalter ... des perikleiischen Athens, ... ist merkantiler Umsatz«. Schon Aristophanes hielt seinen Zeitgenossen vor, ihre einzige Weisheit sei, jeden Zustand zu überholen und fortzuschreiten. »Semper più – immer schneller! Geendet hat der Umsatzwahn im Express-Frühstück mit hastigem Schluck schalen Weines und im flüchtigen Blick in die Bild-Zeitung. Das Leben versackt im »rasenden Stillstand«. Wenn wir auf den großen Rationalisten und andächtigen Trinker unser Glas erheben, da kommt uns Marx in den Sinn: »Das Sein bestimmt letzten Endes das Bewußtsein.«

Carl Michael Bellmann
(1740-1795)

Lesen Sie nicht ohne »Saufen bis Mitternacht« »Fred Bellmanns Episteln« vom großen schwedischen Trinker. Sollte Ulla Winblad dabei sein, könnten Sie schneller aus dem Gleichgewicht in die erweiterte Schräglage kommen. Bei seinen bacchantischen Weinliedern trank er mit Ulla Winblad immer einen mehr, als er vertrug. **Werner Klemke** (1917-1994), der Grandseigneur der Zeichenkunst der DDR, schmückte – »Jetzt schäumt's im Krug so helle, so schimmernd blank« – die Episteln erotisch prickelnd aus. Der Mann hob selber gerne das Glas und wir brachten dem Liebenswürdigen so manche Flasche vom Winzerhof Gussek. Wer den Freudenbecher seiner Zeichenkunst kennt, denkt vor allem an den Kater. Auch einem leckeren Kätzchen bleiben Flaschenhälse und der Kater nicht erspart. Die fesche Ulla Winblad, »die Venus sich nackend wiegt, ... kratzt sich die Brüste ... läßt dich munter, diese flotte Lotte, ihre Blumenschale sehn«. Wollt ihr »wie der alte Adam eben tat's im Paradies ... mal die Lüste stillen ...«, und mit dem Malerpinsel »in den weißen Schleier« fahren? »... Movitz, nun blas noch mal ...« Heiter mit funkelndem Schalk in den Augen malt dir Klemke den phantastischen Zusammenprall der wollüstigen Ulla mit der kernigen Siegerrebe aus. »Wenn die Sterne im Keller funkeln, da loderte der Thyrosstab. Wer heute nicht mehr ahnt, was Erotik ist, dies zeichnete Klemke und das sang Bellmann. Du fragst dich, / was bringt sie dir noch / nach trunkener Nacht? / Sie bringt dir / den hellen Morgen, / denn sie besitzt / ein fröhliches Herz. Auch er kannte den Zwiespalt, »willst du glücklich sein, zieh' die Hörner ein«. Jedoch seinem König zeigte Bellmann die Hör-

Carl Michael Bellmann

ner. »Ach, die andern, / die dem Reichtum frönen, / werden niemals unsre Wege gehen.« Mit Wein und Humor läßt sich vieles sagen und vertrackte Wege werden gangbarer. Vergnügen machen und wahr sein, dieses zweischneidige Schwert handhabe lachenden Herzens der alte Schwede Bellmann. Er hielt sich an fernöstliche Weisheit. Lache – und die Welt lacht mit dir. Weine – und du weinst allein. Der »Theaterkönig« Gustav III. verbannte ihn wegen Mißachtung seiner Regeln vom Hofe. Mit den Herrschern ist es immer die gleiche Sache. Ich denke da an Kaiser Wilhelm II.: »Eine Kunst, die sich über die von mir bezeichneten Gesetze und Schranken hinwegsetzt, ist keine Kunst mehr.« Da Gustav ihn aber nicht entbehren konnte, überhäufte er den trunken singenden Poeten weiter mit Aufträgen. Der deftige Flaschenheld, in allen Sätteln gerecht, stöpselte nicht nur seine Flaschen mit der Venus, er fädelte auch ein ganz anderes Ding auf der verkehrten Straße ein. Als der König eines Tages an Bellmanns Haus vorbei ritt, lehnte sich Carl Michael aus dem Fenster und ein Barbier schabte ihm von außen auf der Leiter stehend den Bart. Der König: »Zum Teufel was soll das?« Bellmann: »Mein Barbier ist in Ungnade gefallen. Ich habe ihm das Haus verboten, kann aber den Kerl nicht entbehren.« Der König, vielleicht nach einem Glase Wein mal in heiterer Gemütsstimmung, hob lachend die Verbannung auf. Närrischer Humor, als »geistiger Spaß« im Zeichen von Verstand, rettete Bellmann. Dagegen brachte **Pietro Aretino** (1492-1556), den legendären Skandalreporter der Renaissance, ein Witz seiner Schwester um. Darstellungen zeigen ihn oft bei einem Glas Wein. Er soll sich vor Lachen so gebogen haben, daß sein kippelnder Stuhl ihm im Rückwärtsfallen das Genick brach. Schlitterte da der Wein mit? Ein unerwarteter, aber schöner Tod und womöglich noch mit Wein. Stühle kippen heute

46

wie nie zuvor. Nur das Genick brechen sich meist diejenigen, die mit der Windrichtung Schwierigkeiten hatten. Obwohl Aretino meisterhaft verstand, wie die Winde wehen, er verschied, ohne daran denken zu können.

Und aus Paparazzi werden heute Plaparazzi.

Auch Bellmann hielt vom Maßhalten nicht viel. Überschäumend, mit einem trunkenen Lied auf den Lippen, frönte er der leiblichen Liebe. Beim »Bacchanal im Grünen ... kippeln Humpen froh und heiter«. Die Nacht vergeht. Der Kater kommt. Liebe hielt ihn im Zaum. So half er dem bürgerlichen Selbstbewußtsein in die Betten. Er war jedoch gegen Ablachen, um das gesellschaftliche Elend zu überbrücken. Er liebte einfach das Leben und seine schönste Melodie hieß Lachen. Wer denkt da nicht an Shakespeare: »Keiner kann ihn lachen machen. / Kein Wunder, er trinkt keinen Wein.« (König Heinrich IV.) Darum »Leg den Liebeskummer / In dein Glas, zum Schlummer, / Gieß dir tüchtig ein.«

Bellmann brach sich wohl nicht das Genick. Doch der nordische Weinkönig und meisterhafte Poet endete trostlos. Der heitere königliche Hofsekretär verstarb wehmütig und verarmt. Wir trauern um ihn, der »die Schönheit der Natur« und die nährende Liebe besang.

»Noch 'ne Flasche, he! Dann stirbst du sorgenfrei.«

Johann Wolfgang von Goethe
(1749-1832)

»Andere verschlafen ihren Rausch, meiner steht auf
dem Papiere.« Vieles und so auch Menschen waren ihm
nur gut fürs Papier. Goethes Stehvermögen war zwar
groß, doch seine Weinnebel waren nicht von Pappe.
Über die seltene, bis vor kurzem fast noch unbeschol-
tene, deutsche Geistesgröße und den Wein gibt es
ganze Bände. Ich trug dazu bei. In Dornburg umgab ihn
»bei jedem Schritt ins Freie … das eigentliche Kind der
Sonne … die üppige Vegetation rankender Weinreben
…«. Nach Beobachtung der »Reben in Zeilen, Reben im
Hügelrand« schrieb er sogar ein fachliches Werk zum
Rebbau. Im Angesicht des Todes seines Großherzogs
August kamen ihm Gedanken, die den Umweltzerstö-
rern heute ins Stammbuch gehören. »Fortbestehen und
Fortschreiten, die vernünftige Welt (sei) von Geschlecht
zu Geschlecht auf ein folgerechtes Tun entschieden
angewiesen.« Gerade die Kulturlandschaft des Saale-
tales »deutet auf eine folgerechte, klüglich vermehrte
Kultur.« Ihr sollen die Verse entsprungen sein, die Faust
vor seinem Tode spricht: »Ein Sumpf zieht am Gebirge
hin, / verpestet alles schon Errungene; / den faulen
Pfuhl auch abzuziehn, / das letzte wär' das Höchster-
rungene. / … Grün das Gefilde, fruchtbar; Mensch und
Herde / sogleich behaglich auf der neusten Erde, / …
Gemeindrang eilt, die Lücke zu verschließen.« Doch
mit dir, Johann Wolfgang, vom »Gemeindrang« gar
nicht zu reden, entschwand auch die »heile Welt« des
Saaletals. »Wir gehen mit unserer Welt um, als hätten
wir eine zweite im Kofferraum.« Nun wissen wir aus
»Eckermanns Gesprächen«: Obwohl Goethe die Land-
schaft um Jena und Dornburg sehr wohl tat, saßen die
Erfahrungen mit dem jungen, noch gerbsäurereichen
Saalewein tief. Als er sich im Sommer des gleichen

 48

Johann Wolfgang v. Goethe

Jahres 1828 mit Eckermann auf den Weg nach Jena und Burgau machte, wies er an, um dem »minderwertigen« Saalewein zu entgehen, anderen Wein für die Fahrt »zu versorgen«. Goethe reiste fast nie ohne Wein und ein entsprechendes Glas. Ganz sicher aber machte er um das »Essigtal« bei Unterpreilipp nahe Rudolstadt einen besonders großen Bogen. Ja, selbst nach Dresden und Meißen nahm er seinen Wein mit. Dagegen sang **Christian Fürchtegott Gellert** bereits 1740 »... dessen Schimpf wird nie vergehen, / der den Wein von Naumburgs Höhen / aus Verachtung schädlich heißt.«

Goethe war weingeboren. Als er in Frankfurt a. Main das Licht der Welt erblicken sollte, fehlten durch Asphyxie die üblichen Lebenszeichen. Erst als man ihn ins warme Weinbad tauchte und »die Herzgrube bähte«, meldete sich der zukunftsträchtige Ankömmling, der uns dann so viel zu sagen hatte, doch noch zu Wort. Warum erwähnte Goethe, der soviel um Wahrheit dichtete, sein Weinbad nie? Auch schmeckte ihm die Mutterbrust nicht. 1814 schrieb er vielleicht bedauernd: »Hübsche Frauen gestehen, daß ihre Kinder mit der Mutterbrust zugleich Wein genießen.« Da sieht es heute noch trostloser aus, denn dem Kinde wird selten weder die rosige Himbeere der Mutterbrust noch Rosé gereicht. Goethe half bei seinen kleinen Enkeln dem Mangel ab. Er traktierte sie während ihrer Schularbeiten so mit Rheinwein, daß »sie ganz fröhlich wurden und das Lernen völlig vergaßen.« An den prächtigen Weinkeller im Elternhaus gewöhnt, »Trunken müssen wir alle sein«, schrieb seine Mutter, er würde nicht nach Wien gehen, denn »ich hab em ja Schpahwasser nach Waimar geschickt, un wie kann er dann nach Wiehn, wenn das Schpahwasser in Waimar iß.« Sie kannte ihren Sohn: »Nach dem Gelde ist wohl der Wein am ersten wert, daß man sein gedenke.« Er bekannte, der »Wein ist doch das literarischste Getränk. ... Solange man nüchtern ist, / Gefällt das Schlechte; / Wie man getrunken hat, / Weiß man das Rechte. ... Schon glüh' ich wie von neuem Wein. ... Heller wardst mit einemale / Von dem Glanz der vollen Schale.« Bereits als er 1775 nach Weimar kam, zerschmetterte er als Höfling mit seinem Herzog auf schrankenlosen Gelagen so manches Glas. Sie badeten nackt in der Ilm. Zu diesen tollen Jugendjahren mit seinem Herzog meinte er: »Er war wie ein edler Wein, aber noch in gewaltiger Gärung.« Später »sprach er viel und trank nicht wenig.« Grillparzer sagte sogar respektlos über ein Treffen mit ihm: Es war ein »Rendezvous mit einem, der mitunter schlecht schrieb, aber nie schlecht aß« und trank. Im Jahre 1816 gingen monatlich für Tafel, Gäste, seine Frau und ihn 60 Liter Wein über den Tisch. Im Jahre 1821 bestellte er alleine 900 Liter Eschendorfer. Sein Herzog August und Antonie Brentano berichteten, daß »er ganz fürchterlich trinken konnte.« Der Berliner Wilhelm Zahn, der einst in Pompeji Ausgrabungen leitete (wir wissen vom Saus und Braus dieser am 24. August 79 im vulkanischen Aschenregen versunkenen Stadt), besucht 1827 Goethe und verbreitete später: »Alle tranken tapfer, aber der alte Goethe am tapfersten. Mit innigem Behagen sah er einen nach dem anderen matt werden und kläglich abfallen. Ihm allein konnte der Wein nichts anhaben. Wie ein siegender Feldherr überblickte er das Schlachtfeld und die niedergetrunkenen Reihen ...« »Er trank fleißig, besser noch trank seine Frau«. Oft handelte es sich um solch ein Quantum, das beide zu höchster Seligkeit führte. Die passende Flasche stellt C.F. Schubart auf den Tisch: »Schau, das freut mich königlich, / daß die Jungfer säuft wie ich!« Seine Leber konnte sich nicht wie bei Quartalstrinkern zwischendurch regenerieren. Nur einmal 1780 in einem gesundheitlichen Tief klagte er: »Wenn ich den Wein abschaffen könnte, wäre ich

glücklich.« Zu Kuren, meinte Goethe, gehörten zwei
Dinge, die übrigens kein Doktor verschreibt: Eine
»hübsche Person« und Wein. Es sprach das leidende
»Heideröslein« vor dem Akt: »Die Liebe pflanzen ist
nicht genug, man muß sie auch begießen.« So ließ er
sich nach Karlsbad 60 Liter Tischwein kommen. Als
er einmal seinen Geburtstag am 27. August mit zwei
Frankenweinen einen Tag zu früh feierte, meinte er:
»Donnerwetter! Da habe ich mich umsonst besoffen!«
Den Wein von Melnik nannte er den »Wasserwein«.
Er wirft dich nicht so schnell um. Eine dieser runden
Flaschen steht noch in meinem Keller. Wer weiß, wen
sie umwirft? Mit seinem Diener Stadelmann, dem die
Kleidung vom Leibe fiel, ohne daß es Goethe erregte,
erörterte er, welches Bier er trinken oder ob er doch
lieber Würzburger zu sich nehmen sollte. Stadelmann
landete im Armenhaus und erhängte sich dort. Sein
Vorgänger Seidel endete im Irrenhaus. Eckermann,
der Hilfskraft letzter Hand, will er keinen Groschen
zahlen. Der muß sich mit einem Freiabonnement fürs
Weimarer Theater zufrieden geben.

In »Hermann und Dorethea«, wo er der deutschen
Behaglichkeit ihren Tribut zollte, kam ebenso die idyllische Weinrunde ins Spiel: »Sorgsam brachte die Mutter
des klaren, herrlichen Weines / In geschliffener Flasche
auf blankem, zinnerem Runde, / Mit den grünlichen
Römern, den echten Bechern des Rheinweins.« Auch
mit dem anschließenden Besuch der eigenen Weinberge setzte Goethe sittlich geordnete Gefühlswärme des
deutschen Bürgers gegen die Zeit der großen Umbrü-
che: Siebenjähriger Krieg ab 1756, ab 1775 amerika-
nischer Unabhängigkeitskrieg, französische Revolution
1789, besiegtes Preußen 1806, Restauration ab 1815,
1830er Revolution und griechischer Befreiungskampf.
Direkt ist in seinem Werk wenig davon zu spüren:
»Nicht dem Deutschen geziemt es, die fürchterliche

Bewegung, / fortzuleiten und auch zu wanken hierin und dorthin.« Durch den Sturz feudaler Strukturen wurde Goethe mit dem aufkommenden Kapitalismus konfrontiert. In seiner letzten Schaffensperiode, nach dem »Sturm und Drang« und der politisch sowie naturwissenschaftlich bestimmten Periode – »Wie ist Natur so hold und gut, / Die mich am Busen hält«, hoffte er auf völkerverbindende Politik und Literatur. Goethe erkannte möglichen menschlichen Einfluß: »Wir sitzen alle in einem Kahn«, der den Naturgewalten ausgeliefert ist. Wir können ihn jedoch auch steuern. In Wirklichkeit sitzen nur einige im Boot. Die anderen stehen und die meisten ringen im Wasser zappelnd um ihr Leben.

Seelenstark, oft sinnlich heiter, schaffte er aus eigenem Erleben. Es ist: »Der vielen Bilder künstlich reiche Pracht, / Des Trinkers Pflicht, sie reimweis zu erklären.« Alleine im Faust klingen die Gläser um die sechzig Mal. Geradeso ritten dann Faust und Mephisto aus Auerbachs Keller nach dem Brocken, den einzigen konkreten Ort dieser welttrunkenen Tragödie. So stieg der Leipziger Keller unter die sechs berühmtesten Gaststätten unseres Erdenballs auf.

Als Goethe von seinem Verleger Cotta die von Hammer-Purgstall übersetzte Liedersammlung Hafis geschenkt bekam und er in Liebestrunkenheit gerade als 65jähriger hochbeglückt der 30jährigen Marianne Willemer (Jung) in die Arme lief, »küßt, die Reben noch im Fliehen«, ihn abermals der Ostwind. Als der Liebesrausch mit Suleika den 65jährigen überforderte, folgte der Weinrausch. Das Schenkenbuch wurde geboren. Goethe widmete sich bereits sehr früh mit innerer Anteilnahme dem Islam, dieser überraschend reichen Welt. »Berührungsängste« waren ihm mehr als fremd. Seine Haltung zum Islam war äußerst tolerant. Besonders berührte ihn die undogmatische, fast dialektische

Auffassung, »von jeder Behauptung die entgegenge-
setzte Meinung zu finden.« Im »West-Östlichen Diwan
… Sinnig zwischen beiden Welten / Sich zu wiegen,
laß' ich gelten«, entdecken wir sein »Schenkenbuch«.
Für ihn könnte die Welt des Islam für die Menschheit
blühen. »Wer sich selbst und andere kennt / Wird auch
hier erkennen / Orient und Okzident / sind nicht mehr
zu trennen.« Goethe wollte »auf heitere Weise den
Westen und Osten … verknüpfen und beyderseitige Sitten und Denkarten übereinander greifen (zu) lassen.«
Entmündigen wir mit Karl Liebknecht die »Kreise, die
die Zwietracht der Völker zu Gold münzen«. Ich wäre
froh, wenn wir uns vom »Kampf der Kulturen« befreien
könnten. In Wirklichkeit jedoch geht der Kampf um
Rohstoffe. Er bekannte auch: »So schlürft unendliches
Gesäufte / der edlen Herrn den letzten Tropfen aus.«
Aber die Fürsten ignorierten Goethes Regel: »Sollen
die Menschen nicht Denken noch Dichten / mußt du
ihnen ein lustig Leben ausrichten.«

Doch als Goethe den »Sänger« tönen läßt »… laß
mir den besten Becher Weins / in purem Golde reichen
…«, schoß er über seine Verhältnisse hinaus. Trotz
seiner Bezüge aus dem mütterlichen Weinkeller und
seinen »üppigen Honorarforderungen« stundete man
ihm Rechnungen. Goethe möge nur bestellen, mit der
Zahlung habe es Zeit. Selbst unter diesen kulanten
Bedingungen erhielt der Händler Ramann erst nach
mehrmaligem Mahnen das Geld. Seinen Bargeld- und
Tischweinbeschaffer Johann Heinrich Merck ließ er
fallen, als der ihm nicht mehr von Nutzen war. 1791
wählte Merck auf Grund seines Elends den Freitod. Von
Goethe kein Wort an Frau und Kinder. Dem »Weiß-
wäscher« fehlte es an Wärme. Wilhelm von Humboldt
schreibt am 16.8.1819: »Liebe hat ihm immer gefehlt.«
Als seine Frau Christiane 1816 im Sterben liegt, legt
er sich mit einem Schnupfen ins Bett und hat kaum

anderes im Kopf, als einen »Eymer Wertheimer« Wein zu bestellen. Goethe verpfändete der Weinhandlung Schwabe seine Honorare für die Übersetzungen von Voltaire's »Mahomet« (1800) und »Tancred« (1802). Goethe ging es wie Voltaire, dem war Wein die »Nachtigall unter Getränken«. Er hinterließ nach seinem Tode sogar eine unbezahlte Weinrechnung über 29 Reichstaler und 20 Groschen.

Man lese die große Utopie Faust II, dann weiß man, daß er die miserable dunkle Kellerwirtschaft, über die er seine Weine beziehen mußte, nicht nur scharfblickend durchschaute, sondern auch verachtete. Goethe »rebelliert gegen« die erbärmliche deutsche Gesellschaft seiner Zeit »als Götz, Prometheus und Faust, er schüttet als Mephistopheles seinen bittersten Spott über sie aus«. (Friedrich Engels) Goethe wußte was einen erwartet, der diese dem Menschen feindlichen Verhältnisse aufs Korn nimmt. Der »Polizeiwidrige« meinte: »Der oberen Macht ist schwer zu widerstehen.« Er läßt den Chorus im Faust singen: »Gehorche willig der Gewalt! Und bist du kühn und hältst du Stich, / so wage Haus und Hof und – dich.« So ist die Kunst nicht nur für das Leben, das Leben geht auch für die Kunst. Friedrich Nicolai sagte: »Der Kerl ist ein Genie, aber ein schlechter Nachbar.« Goethes Genie bestand zudem darin, daß er es verstand, sich mit den Herrschenden gut zu stellen und gleichzeitig Dinge über sie kund zu tun, die sie bloßstellten. Wer aber vor ihm nicht den Hut lüftete, der hatte nichts zu lachen. Er, der leben, ja gut leben wollte, sah sich in dieser Atmosphäre »gefesselt, ... in der er sich betätigen konnte ... In der Wissenschaft und Kunst habe ich die Schwingen gefunden, durch welche man sich darüber hinwegzuheben vermag.« Sie waren Ventile, mit denen er den Überdruck verringerte und manchmal auch in seinen Werken gegen das Motto »erlaubt ist was sich ziemt« verstieß. Denn »Freiheit ist droben, die Welt ist ein Gefängnis.« Es war nicht die schlechteste Cuvée, die da entstand. Als er gegen Wielands »Alceste« sein Spottspiel verfaßte, bediente er sich sowohl der Kunst als auch mit einer Flasche Burgunder des Weines. Friedrich Engels schildert den zwiespältigen Keller, in den Goethe da geschliddert war: »So ist Goethe bald kolossal, bald kleinlich, bald trotziges, spottendes, weltverachtendes Genie, bald rücksichtsvoller, genügsamer, enger Philister ... Diese Misere ... ist der beste Beweis, daß sie von innen heraus gar nicht zu überwinden ist«.

Goethe hätte heute sicher eine Leber für die Pathologen. Der große Trinker brachte es auf 83 Jahre. Aus dem ansehnlichen Schwarm seiner trinkenden Schriftsteller- und Dichterkollegen wurden unter anderem Christian Dietrich Grabbe nur 35 Jahre alt, Edgar Allen Poe 37, Jaroslav Hasek 39, Jack London 40, Guy de Maupassant 42, Oscar Wilde 44, Joseph Roth 45, Charles Baudelaire und E. T. A. Hoffmann 46, O. Henry 48, Jean Paul sowie Paul Verlaine 52 und William Hogarth trotz seiner Säuferkupferstiche immerhin 67. Tranken sie stark durcheinander oder zuviel hart Gebrannten?

Als Goethe nicht mehr so konnte wie er wollte, entrang sich ihm 1815 der Stoßseufzer: »Verfluchter Knecht, wie unerwecklich liegst du / und deinen Herrn ums schönste Glück betriegst du.« Wohlweislich verwahrte er, wie auch Faust II, diese Verse. Goethe war, wie Montaigne, der Wein die letzte Liebe, denn das Trinken »ist fast das letzte Vergnügen, das uns die Jahre nehmen. ... So lang man trinken kann, läßt sich's noch glücklich sein.« Bevor Goethe das letzte Glas in letzter Stunde zum Munde führte, verschaffte er sich bei seinem Friedrich augenblicklich Gewißheit: »Du hast mir doch keinen Zucker in den Wein getan?« Schmeckt Todesnähe süß? »Mehr Licht«, soll er gesagt haben. Weniger hochtrabend könnten geöffnete Fensterläden gemeint sein. Werner Fuld, schreibt Goethe, begehrte einfach von seiner Schwiegertochter Ottilie: »Frauenzimmerchen, gib mir dein Pfötchen.« Noch beginnt ja das Leben mit einer Frau, warum soll es nicht mit ihr enden? Vielleicht geht es hier auch nur um die Reihenfolge der letzten Worte. Nun gab Goethe noch letzte strittige Zeichen mit dem Zeigefinger der rechten Hand. Da mehrmals ein »W« zu erkennen gewesen sein soll, legen wir uns natürlich auf den Wein fest. Grüßte er sie, »die einzige Phiole« … den »Inbegriff der holden Schlummersäfte«? Als man **Ludwig van Beethoven** (1777-1827) in seiner Sterbestunde eine letzte Eilsendung von Weinen auf den Tisch stellte, murmelte er: »Schade! Schade! – zu spät!« **Johannes Brahms** (1833-1897) lobte in letzter Stunde den Wein. **Friedrich Hebbel** (1813-1863) blieb ängstlich Fragender, als sein Hausarzt ihm ein Gläschen Wein empfahl: »Darf ich das?«

Tatsächlich bekamen wir einiges zusammen, was Goethe sein Leben lang bewegte: Kunst und Wissen, Frauen, Licht und Wein. Ich versuchte, dem vom deutschen Gymnasialoberlehrer in Gips gefaßten Goethe zu entgehen. Er war Faust und zugleich Mephisto. Irgendwie kam ihm auch die Umkehrung als Wahrheit entgegen. Er wußte über »das schlechte Zeug von öden Worten«. So könnte es, trotz des verlangten Lichtes sein, daß Goethe eben die Nachwelt auch über sein letztes Wort im Dunklen lassen wollte. Wie weit er es mit seinen Liebsten trieb, wen er wie vom Fenster bekam und was er Schreckliches als Minister tat, dies entsorgte er so gut es ging. Ansonsten scheute das Genie die Finsternis.

»Rausche, rausche Wein, durchs Leben lang, / Ohne Rast und Ruh', / Rausche, flüstre meinem Sang / Melodien zu«.

Obwohl Goethe vor seinem Tode noch bei vielen gleichgesinnten Gefährten ihre Nähe suchte, er lebte jetzt zurückgezogener. Bitternisse des Alters, der Tod seiner Frau und vieler Freunde, schwere Krankheiten sowie der entwürdigende Entzug der Weimarer Theaterleitung trafen ihn verflucht hart. Sein Glauben an eine dem Menschen dienende Umgestaltung der gesellschaftlichen Verhältnisse erlosch. Das Scheitern der Erziehung des Volkes durch die Fürsten und der mißlungene Versuch der »theatralischen Sendung« verdrossen ihn. »Eine Welt des Irrtums sich entfaltet … Menschenopfer mußten bluten, / nachts erscholl des Jammers Qual.« (Faust II) Goethe erlebte den Zwiespalt der napoleonischen »Wohltaten«. Er ahnte, was das sich entwickelnde »perverse kapitalistische System« bringen würde und sah den Event voraus. Er wußte, »das Publikum will wie Frauenzimmer behandelt sein: man soll ihnen durchaus nicht sagen, als was sie hören möchten.« Doch seine Unterhaltung als Anleitung zum Handeln enttäuschte ihn selbst. Die Verantwortung, die er in seinem Leben zu tragen hatte, belastete ihn stark. Er versuchte im Wilhelm Meister mit seiner »pädagogischen Provinz« den »politisch Unreifen« noch entgegenzutreten.

»Die Augen täten ihm sinken; / trank nie einen Tropfen mehr.«

Wir heben in Dornburg, seinem geliebten Rebenparadies, auf ihn das Glas und sehnen uns mit ihm »auf freiem Grund mit freiem Volk (zu) stehen.«

Friedrich Schiller

Friedrich Schiller
(1759-1805)

Der Namensgeber der Jenaer Universität wurde in Zeiten tiefster Erniedrigung Deutschlands in Marbach am weintrunkenen Neckar geboren: »Dort erblick ich schöne Hügel, / Ewig jung und ewig Grün.« Er trank wie Goethe Wein. So mancher Vorfahr von ihm war Winzer gewesen. »Ein Wirtemberger ohne Wein, / kann der ein Wirtemberger sein?« Nicht nur der verfaulte Apfel in der Schublade regte ihn an. Trinkend dichtete er gern. »Dreimal gesegneter Trank! Dich gewann mir die Muse, ...« Doch blieb wohl der Kaffee, und wenn manchmal auch des Geldes wegen versetzt, sein wichtigstes Aufputschmittel. Wenn sich beide, Schiller und Goethe zum Genius berufen fühlten, beim Wein gab es erhebliche Unterschiede. Bei Schiller hieß es: »Schenkt ihm Tinte, Feder und Papier und vergeßt nicht Wein zu senden.« Er wußte: »Bei schriftstellerischen Arbeiten erholt man sich nicht ... und bei Lieblingsarbeiten verdient man wenig.« Während der Wein vorwiegend als gesundheitliches Elixier sowie als Glücksbehelf Schiller ans Leben band, war Goethe mehr auf den Genuß aus. Natürlich war er für Schiller ebenso Begleiter auf Freudenfesten. Als der »Schweinpelz« vor dem Schreibverbot seines despotischen Fürsten aus Stuttgart floh und es in Darmstadt ganz trübe zuging, trank Schiller Schnaps. »Denn dort, wo Sklaven knien, Despoten walten, / Wo sich die eitle Aftergröße bläht, / Da kann die Kunst das Edle nicht gestalten.« Franz Mehring charakterisierte jene Zeit: »In der ganzen Weltgeschichte gibt es vielleicht keine Klasse, die so lange Zeit so arm an Geist und Kraft und so überschwenglich reich an menschlicher Verworfenheit gewesen ist, wie die deutschen Fürsten des 17. und 18. Jahrhunderts. Schamlos entartet wälzten sie

 60

sich in allen Lastern und Sünden.« Und Engels zu den Untertanen: »Nichts als Kleinlichkeit und Selbstsucht, ein kleinlicher, kriechender, erbärmlicher Krämergeist durchdrang das ganze Volk.« 500.000 Württemberger mußten eine Hofhaltung bei Banketten und Maskenbällen in der Residenz und den Lustschlössern mit 2.000 Domestiken und 800 Pferden, nicht zu vergessen die Mätressen, unterhalten. Dagegen trank Schiller auf dem weiteren Fluchtweg nicht nur in Nierstein Schoppen sogar des ältesten Weins, der sich im Keller fand, und Liebfrauenmilch beim Abendessen in Worms. Er bäumte sich gegen diese Verhältnisse auf und erklärte ihnen offen den Krieg.

Als Henriette von Wolzogen, die verarmte Gutsherrin, auf ihrem Landsitz in Thüringen nahe Bauerbach dem jungen Genie ab 7. Dezember 1782 unerkannt als Dr. Ritter auf reichsritterschaftlichem Grund etwas sicheren Unterschlupf gewährte, zwang ihn die Wintereinsamkeit ins Wirtshaus »Zum braunen Roß«. Wenn ihm sein Freund Reinwald, der Hofbibliothekar, die Auflaufstelle seiner Post in Meiningen, sein Bücherlieferant und der spätere Schwager fehlten, erlebte er: »Gedanken lassen sich nur durch Gedanken locken«. Der Wein hilft nicht allein über Einsamkeit hinweg, und dem Genie wird Anregung versagt. Seine Schulden dort beglich Henriette.

Allerdings der halbe Liter Wein, den der Dienstherr seinen militärischen Pflanzzöglingen täglich zur Kräftigung ihrer Gesundheit verabreichen ließ, fand bei Schiller kaum Gegenliebe. Die Zügel waren in der »Sklavenplantage« zu straff. Ab 16. Januar 1773 war er als 13jähriger dem militärischen Drill der Militärakademie unterworfen. »Das Kasernenleben, das alle persönlichen Neigungen der Zöglinge unterdrückte, kärgliche Lebensbedingungen bot, die Schüler von ihren Familien fernhielt und noch die knapp bemessene Freizeit regulierte, steigerte den Widerstandswillen ...« Schubarts Einkerkerung, das gegenseitige Überwachungssystem, der Tod eines Mitschülers, der Selbstmordversuch eines Freundes, die Vorlesungen Abels und die Ablehnung seiner ersten Dissertation, in der er geltenden Lehrmeinungen widersprach, sowie die einjährige Verlängerung des Aufenthaltes auf der Carlsschule fachten seine Empörung gegen »die schlimmen Monarchen« an. Wieso eigentlich lese ich nichts zu Schillers Anklage, daß der »gnädigste Landesherr« das »Gehirn« derjenigen, die aufbegehrten, »auf das Pflaster spritzen ließ«. Damit schrien dann die Verkauften: »Juchhe nach Amerika.« Schiller wollte dem entgegen »ein Buch machen, das durch den Henker absolut verbrannt werden muß.« Er hatte bereits heimlich mit den »Räubern« begonnen. Was soll man sagen, die Uraufführung »Die Räuber« wurde mit einem Trinkgelage gefeiert. Ihn aber kostete sie »Freiheit und Vaterland.« Womöglich spiegelt sich dieser Zwiespalt in den folgenden Versen aus dem Poem »An die Freude« wider: »Freude sprudelt in Pokalen, / In der Traube goldnem Blut / Trinken Sanftmut Kannibalen, / Die Verzweiflung Heldenmut.«

Als Schiller am 15. Dezember 1780 aus dem knechtseligen Gefängnis der Carlsschule als Regimentsmedikus ausscheiden konnte, wurde ihm der Wein erst einmal zum Betäubungsmittel. Im Februar 1781 schluckte er so viel »Krätzer«, daß er nicht den Weg in sein »stinkendes Loch« fand und ihn gleich das Gerücht umrankte, er sei ein Trinker. Schiller aber »Was zürnest du uns'rer frohen Jugendweise? ... Klagen ertränkt' er im Gold der Reben, / Schmerzen verhüpft' er im wirbelnden Tanz.« Er wollte sich mit Wein das Eingangstor zum Leben öffnen. Jedoch es sollte sich für ihn nie so recht öffnen lassen und sich viel zu früh schließen. Vielleicht wollte sich Schiller darüber hinaus auch seiner häuslichen pietistischen Erziehung widersetzen? So befahl der Vater, vom Tische aufzustehen, sobald es zu schmecken anfing. Nun trank Schiller jedoch täglich bedeutend weniger als Goethe. Dieser äußerte im Gespräch mit Eckermann: »Schiller hat nie viel getrunken, er war mäßig.« Allerdings fügte er einschränkend hinzu, wenn Schiller unter Zechkumpane geriet, dann war er nicht zu halten. Schiller sagte mit fünfunddreißig, daß er sich jetzt, »vor dem Extrem der Nüchternheit ... zu fürchten habe wie ehemals vor dem der Trunkenheit«. Schiller fehlten rund 38 Jahre, um Goethes Lebensquantum zu erreichen. Außerdem bekam Schiller seine Weine meist geschenkt. So trank er zu seinem 24. Geburtstag, im Beisein seines ehemaligen Lehrers Jakob Friedrich Abel, mit »unbeschreiblichen Vergnügen« vier Flaschen geschenkten Burgunder. Goethe kaufte seine Weine, wenn auch oft mit erheblichen Zahlungsrückständen, bei Weinhändlern, bei denen er meist in der Kreide stand. Er verpfändete Übersetzungen gegen Wein.

Schiller ließ seine »Räuber«, die am 13. Januar 1782 in Mannheim bei seiner heimlichen Anwesenheit im »allgewaltigen Feuersturm« des Publikums aufgeführt wurden, im Juni 1781 auf 150 Gulden Schulden und ohne Angabe seines Namens drucken. Nachdem der Mannheimer Theaterintendant Dalberg die republikanische Tragödie »Fiesko« abgelehnt hatte, erhielt er dafür vom Buchhändler Schwan aus Mannheim eine läppisch niedrige Summe.

Schillers despotischer Dienstherr steckte ihn wegen Desertion vierzehn Tage in den Arrest, weil er sich nochmals aus dem Lande nach Mannheim geschlichen hatte. Den Fürsten hatte wahrscheinlich besonders geschockt, daß Schiller Karl sagen läßt: »... aus Deutschland soll eine Republik werden, gegen die Rom und Sparta Nonnenklöster sein sollen.« Schiller selbst bekannte 1782 »feile Lobreden findet man hier nicht.«

Außerdem mißtraute er genialischen Eingebungen, auf die sich heute so manche zurückziehen und die uns mit ihren wirren Phantasien benebeln. Schiller wußte, daß der denkende Künstler auch denkwürdigeren Genuß bietet. Er schrieb, als ob er sich gegen unsere Fernsehquoten wandte: »… leiste deinen Zeitgenossen aber was sie bedürfen, nicht was sie loben«. In seiner Ankündigung der »Horen« heißt es 1795: »Je mehr das beschränkte Interesse der Gegenwart die Gemüter in Spannung setze, einenge und unterjoche, desto dringender werde das Bedürfnis, durch ein allgemeines und höheres Interesse an dem, was rein menschlich und über allen Einfluß der Zeiten erhaben ist, sie wieder in Freiheit zu setzen und die politisch geteilte Welt unter der Fahne der Wahrheit und Schönheit wieder zu vereinigen.« Der Dichter möchte als »aufgeklärte(r) verfeinerte(r) Wortführer der Volksgefühle« sich dem »Kindverstand des Volkes« nicht versagen und etwa nur den Gebildeten im Auge haben. Immer wieder sind es Menschen aus dem Volk, wie Wilhelm Tell oder die Jungfrau von Orleans und in beiden sogar das Volk selbst, die in seinen Werken für Würde und Gerechtigkeit kämpfen.

Schillers Gesundheit erhielt, gerade als er am 1. September 1783 eine Festanstellung als Theaterdichter in Mannheim bekam, einen schweren Schlag. »Fieberrinde eß ich wie Brot«. Außerdem starb sein Gönner, der Regisseur Wilhelm Christian Dietrich Meyer, an der durch faulendes Trinkwasser ausgebrochenen Seuche. Zusätzlich ruinierte sich Schiller mit Schulden und gesundheitlich durch schmale Kost. Als er sein Schreibfieber »mit Weinen von Burgund, die mir der Arzt verbot«, in Wallung bringen wollte, setzte er der körperlichen Zerstörung noch Einen drauf. Auch 1784 schrieb er, daß er »kaum einen nüchternen Augenblick hatte.« Sein »Fiesko«, auf vielen Bühnen Deutschlands oft von einem Plümicke verhunzt aufgeführt, bringt ihm keinen Groschen. Dafür laufen ihm »Geschmeiß-fliegen« die Bude ein. Die Aufführung des rührseligen »Familiengemäldes« von Iffland gräbt ihm das Wasser für seine »Kabale und Liebe« ab. Außerdem nehmen Warnungen vor Schillers »Aufstand und Rebellion«, Verbote seiner Stücke sowie Angriffe von Neidern zu.

Schiller schrieb im Brief vom 15. November 1785 an Henriette, daß »mir das schöne Geschlecht von Seiten des Umgangs gar nicht zuwider ist.« Während Goethe meist hinter sehr jungen Frauen her war und sich Schiller ebenfalls zuerst an sie hielt, ging es ihm danach oft um verheiratete Frauen, die ihn unterstütz-ten. Bei Henriette von Wolzogen verliebte er sich in ihre 16jährige Tochter Charlotte. »Kaum, daß ich Bacchus, den lustigen habe, / Kommt auch schon Amor, der lächelnde Knabe.« Die Einsamkeit treibt eben ihre Blü-ten. Dem »blühend Kind, von Grazien und Scherzen« machte er 1783 über ihre Mutter einen Heiratsantrag. Sicher floß einiges von dieser nicht standesgemäßen Liebe und schließlich der späteren Versorgungsehe dieser Charlotte in »Kabale und Liebe« ein.

Die blutjungen Schauspielerinnen seiner Frauen-rollen wie Sophie Albrecht, Caroline Wietthoeft oder Katharina Baumann, diese »Töchter der Wollust«, wurden allerdings oft seine Geliebten. Allerdings bei Katharina stach ihn der Schauspieler und Autor Iffland aus. Margaretha Schwan, der Tochter seines Buchhändlers, machte er einen Heiratsantrag. »Wol-lustflammen entsprühten den Küssen, / Jagten die Mädchen in liebliche Glut.« Natürlich schwärmte er, wenn auch eben mehr erdichtet: »Körper will in Kör-per über stürzen, / Lodern Seelen in vereinter Glut.« Unbefriedigte Frauen um Schiller, meist weder mit »Wunsch noch Neigung« einst an ihre Männer verschachert, lebten nur so dahin. Auf die ihm ergebene, verheiratete Charlotte von Kalb dichtete er: »ich errang sie nicht ... Glückselig, wer, Wonnetrunkenheit begraben, / So leicht wie ich den tiefen Fall verschmerzt. ...« Frau von Kalb verschaffte ihm 1784 auch Zugang zu Darmstädter Hofkreisen. Der junge, ungehobelte Schiller, »er hatte etwas Steifes und nicht die mindeste Eleganz«, wurde bereits mit seinen, wenn auch stets geglätteten, aber immer noch henkerlichen »Räubern« als Triumph eines Genies gefeiert. Er war als Dichter des Sturm und Drang attraktiv und regte sie an und auf. Viele seiner Frauen waren nicht nur hochintellektuell, sondern ebenso anhängliche Verehrerinnen. Sie gaben Heimstatt und retteten sein Überleben. Sie sicherten seine materielle Existenz nicht nur mit Wein. Jedoch selber vom Geist zerrissen: »Gern erwählen sie sich der Einfalt kindliche Seele, ...« Er sehnte sich: »Schöne Naivität der Stubenmädchen von Leipzig, / Komm doch wieder, o komm, witzige Einfalt, zurück.« Dabei meinte Jean Paul, daß es Schiller an Herzenswärme mangelte. Schiller dachte immer erst an Heirat, wenn der Boden auf dem er stand, recht unsicher wurde und dies geschah ihm oft. So beglückte er eben öfter Frauen mit Heiratsanträgen und Frauen baten ihn um seine Hand. Doch die Frauen beider waren keine der heute üblichen Wochenendabschnittsgefährtinnen. Während Goethe über seine Liebschaften meist in poetischer Form Nebelschwaden ziehen ließ, waren bei Schiller oft doppelte und dreifache Verhältnisse öffentlich. Beide jedoch ließen die Welt im Dunkeln, wie weit sie in die Venusgrotten ihrer Geliebten drängten. Schiller kutschierte in der Jugend gar auf garstig »verwahrlosten« Zufahrtswegen. Auch sollen ihn mehr die Kokotten im Griff gehabt haben, als er sie. Goethe stand er zu stark unter dem Einfluß von Frauen. Schiller aber meinte, für Liebeskummer sei er zu intellektuell.

Doch schwärmte Schiller: »Zürne der Schönheit nicht, daß sie schön ist, daß sie verdienstlos, / Wie der Lilie Kelch, prangt durch der Venus Geschenk!«

Am 26. Juni 1784 begründete Schiller durch den Vortrag »vom Wirken der Schaubühne auf das Volk« und dessen Veröffentlichung im ersten Heft der Zeitschrift »Rheinische Thalia« seine Ansicht von der Schaubühne als aufklärende Anstalt. Bei ihr verbindet sich »Vergnügen mit Unterricht«. Gleichzeitig kritisiert er die »Unterhaltungsware« des Mannheimer Theaters.

Im April 1785 lernt der nach Leipzig Eingeladene beim Wein und anderen Genußmitteln im »Coffeebaum und Richters Caffee Haus 33« neben Dora und Minna Stock sowie anderen Geistesgrößen auch Georg Joachim Göschen, später einen seiner Verleger, kennen. Der hatte ihm zuvor bei Körner einen 300 Gulden-Wechsel vermittelt. Hier lebte er auf. Doch Leipzigs viele Schenken hemmten seinen dichterischen Fleiß. Mit Körner, dieser »Himmel in unserer Freundschaft«, der ihm auch finanziell half, trank er bei Freunden so manches Glas zu seinem »Gedächtnis«. Dieser gewährte ihm beim Rheinwein (?) schließlich ab 12. September Unterkunft auch in seinem Häuschen am Weinberg in Loschwitz. Ein Häuschen übrigens ganz nach meinem Geschmack. Als Gläser beim Anstoßen zerbrachen, warf Schiller sie alle mit dem Ruf – »Keine Trennung! Keiner allein!« - über die Steinmauer. Dort, in der gesicherten Abgeschiedenheit, obwohl sich »die Lichter meiner Phantasie« manchmal auslöschten, schuf er den »Don Carlos«. In ihm spürte man nach Thomas Mann noch den »Sturm und Drang«. Es sollte das am meisten von Schiller umgearbeitete Stück werden. Jedoch als Herzog Carl August von Sachsen-Weimar-Eisenach in Darmstadt einer Lesung von Schiller aus Carlos beiwohnte, verlieh er ihm am 26. Dezember 1785 den Titel Weimarer Rat. Bei Körner trank Schiller weiter fleißig mit und bestellte sich auf Pump teure Weine. Obwohl er sich den Frauen Minna und Dora näherte, war er jedoch immer das fünfte Rad am Wagen. Dora Stock, Hubers Dauerverlobte, die ihn mehrfach zeichnete, von der sich Schiller aber nur zaghaft rühren ließ, weinte über ihn Tränen. Henriette von Arnim, für die er lodernde Glut empfand, war ihm: »Die herrlichste von allen, … / Wie eine Sonne war sie anzuschauen«. Vor diesem Glanz in seiner Hütte verfrachtete ihn Körner zum Entzug nach Tharandt. Wahrscheinlich war die kapriziöse Frau zu schön, um gut zu sein und Schiller zu arm. Körner aber könnte an Francois de la Rochefoucauld gedacht haben: »Wir würden kaum etwas brennend begehren, wenn es uns genau bekannt wäre.« Außerdem fanden sich am schönen Hälschen dieser Henriette reichliche Verehrer mit besseren Konditionen.

Schließlich folgte Schiller dem Lockruf der Charlotte von Kalb nach Weimar, die ihn nun ab 21. Juni 1785 wieder entzückte. Die Sterne standen günstig. Von Kalb und auch Goethe waren verreist. So kam es zu Besuchen in ihrer Wohnung, Spaziergängen an der Ilm und zu Umzügen Haus an Haus. »Schließlich galten sie in Weimar als ein Paar.« An der Hand von Charlotte wurde er mit der Weimarer Gesellschaft, bis hin zu Anna Amalia, bekannt. Da ihm aber »Sinnlichkeit als Motor von Kunst« verdächtig war, fühlte er sich in »dieser Wüste der Geister« bei Wein und beim Punsch in den Freundeskreisen von Wieland am wohlsten. Die »zuckersüßen Schwätzer und Schwätzerinnen behagten« ihm nicht. Den Geburtstag des abwesenden Goethe begoß er in dessen Gartenhaus mit Karl Ludwig von Knebel mit Rheinwein. Körner bat er wieder Mal um Geld. Als ihm der Philosophieprofessor Karl Leonhard Reinold in Jena Kant näher brachte, bahnten sich Aussichten auf eine Professur in Jena an. Goethe stützte sie, allerdings ohne Gehalt. Kants Werke sollten seine kunstphilosophischen Arbeiten und diese seinen Lebensunterhalt befördern. Dieweil die Frau von Kalb auf das Gut nach Kalbsrieth fuhr, machte sich Schiller an die Töchter von Wieland ran. Dann führte sein Weg wieder nach Bauerbach zur Frau von Wolzogen. Für Frau und Landschaft »fühlte er nichts«. Er vertröstete sie mit ihrem Abtragsplan seiner Schulden auf bessere Zeiten. Sie bekommt, auch mit Mahnungen, nichts zurück. Als Schiller am 6. Dezember 1787 bei seiner Rückreise in Rudolstadt einreitet, verguckt er sich in zwei anziehende Schwestern. »Leben duftet nur die frische Pflanze, / Die die grüne Stunde streut.« Der »praktischen, stillen Charlotte von Lengefeld und der geistreichen, erotischen, aber verheirateten Caroline« von Beulwitz liegt er zu Füßen. Es begann »eine fatale Kette von Spannung und Ermattung, Opiumschlummer und Champagnerrausch.« Bei gutem Wetter trank er in Rudolstädter Gärten und sang mit Freunden fröhliche Lieder. Nach solchen Trinkgelagen wurde er auf dem Fest des Vogelschießens sogar zum Ehrenmitglied der Rudolstädter Schützengilde ernannt.

Am 26. Mai 1789 hielt Schiller in Jena seine Antrittsvorlesung zur Universalgeschichte. Die Professur war ihm zur Sicherung seiner Existenz wichtig. An Körner schrieb er jedoch, »Diese Professur soll der Teufel holen«. In der Stadt gab es anschließend Nachtmusik und Vivat auf ihn. Als »Außerordentlicher Professor« erhält er nur anteilig Studentengebühren und Kolleggelder. Der Herzog billigt ihm schließlich jährlich 200 Taler(?) Gehalt zu. Seine Ehe-Vorstellungen drehten sich als Grundlage seiner dichterischen Tätigkeit ebenfalls um Lebenssicherung. An Körner schrieb er: »Könntest Du mir innerhalb eines Jahres eine Frau mit 12.000 Talern verschaffen ... die Academie in Jena möchte mich dann im Arsche lecken.« Doch gab er erst mal klein bei und versuchte um des Überlebenswillen nichts mehr zu schreiben, das »absolut der Henker verbrennen muß«. Der Sturm ließ nach. Der Drang nach materieller Sicherung nahm zu. Als freier Schriftsteller hatte er erfahren, »ich brauche« fürs tägliche Brot den »allgewaltige(n) Mammon ... das Geld«. Er lernte, wie man das Publikum gewinnt. Beim »Wilhelm Tell« war ihm klar, daß das Publikum »auf solche Volksgegenstände ganz verteufelt erpicht« ist. Er bearbeitete hauptsächlich wegen des Honorars lieber seine Stücke selbst. Um der Werbung willen verriß er sie sogar in der Öffentlichkeit. Mit seinen geschichtsphilosophischen Arbeiten und dem trivialen »Der Geisterseher« versuchte er, sich eine »bürgerliche« Existenz zu sichern. »Der oekonmische Ruhm stellt sich ein.« Schillers Art, Geschichte mehr poetisch zu schreiben, beeindruckte ein großes Lesepublikum, ließ aber die Historiker kühl. Seine etwas lässige Arbeitsmethode wird angegriffen. Da Schiller Kritik schlecht vertrug, kam es zu erheblichen Reibereien. Mit der verletzenden Schärfe der Xenien, die sich außer auf Herder gegen alle Geistesmenschen ihrer Zeit richteten, setzten sich Goethe und Schiller in die Nesseln. Als Schiller 1795 einen Ruf nach Tübingen erhielt, nutzte er diesen für eine Gehaltsaufbesserung in Weimar, die er dann aber erst Ende 1799 erhielt. Jena aber empfand er einschließlich seiner Gelehrten als trostlos: »wie leer ist mir hier alles«. Ende 1795 schloß er schließlich »die philosophische Bude«. »Der Dichter ist der einzige wahre ›Mensch‹, und der beßte Philosoph ist nur eine Carricatur gegen ihn.« Er wandte sich wieder der Lyrik und den Dramen zu.

Nach vielem Hin und Her feierte Schiller am 3. August 1789 in Bad Lauchstädt nicht nur mit Brunnenwasser - »Freude trinken alle Wesen ... Küsse gab sie uns und Reben« - heimlich seine Verlobung mit Charlotte von Lengefeld. Die clevere Caroline soll ihm dies eingeflößt haben, damit sie weiter im Rennen blieb. Die angesteuerte ménage à trois mit beiden Schwestern kam trotz hinreißender Turbulenzen nicht so richtig in Fahrt. Wahrscheinlich fehlte auch das Geld dazu. Der Frau von Kalb bekam der saure Apfel nicht und Caroline verstummte das Herz. Schiller frappiert mehr, als er rührt und dies nicht nur in seinen Werken, sondern ebenso in der Liebe. Wenn so eine Dreiecksbeziehung auch als unsittlich galt, sie wurde praktiziert. Jonathan Swift lebte mit Vanessa und Stella, Gottfried August Bürger nahm zwei Schwestern ins Haus und der »polygame« Goethe führte in der ersten Fassung von Stella diese mit Cäcilie zu einer Lebensgemeinschaft mit Fernando zusammen.

Goethe meinte wohl, nun allerdings auf den Wein bezogen, Schiller übernehme sich. So hielt er 1804 dessen Kellerbestände von 200 Bouteillen und die Bestellung von zweieinhalbe Eimern Burgunder für überzogen. Wieso billigte er Schiller nur geminderten »Balsam fürs zerrissene Herz« zu? Der aber liebte nach eigenem Motto »so lasset uns heut noch schlürfen die Neige der köstlichen Zeit ... einen kleinen runden Tisch, ein Gläschen Tokayerwein, ein off'nes Herz dabei und ein vernünftiges Gespräch.« Den »süßen Tokajer« liebte jedoch auch Goethe.

Nachdem Schiller gedanklich verschiedene Heiratskandidatinnen ergebnislos durchgespielt hatte, heiratete er am 22. Februar 1790 Charlotte aus »Nothwendigkeit« in aller Stille. Er beglückte sie poetisch:

> *»So sah ich sie die Herzensfeßlerin,*
> *Gleich einem Maitag mir zur Seite spielen;*
> *Das süße Wort: ich liebe dich!*
> *Sprach aus dem holden Augenpaare -*
> *So führt' ich sie zum Traualtare.«*

Damit sie ihren Adelsverlust besser verschmerzt, bittet er um den Titel eines »Meiningischen Hofrates«. »Notwendig« war ihm allerdings eine Heimstatt, die ihm seine dichterische Arbeit ermöglichte. »Es lebt sich doch ganz anders an der Seite einer lieben Frau … Was für ein schönes Leben führe ich jetzt.« Doch 1791 zwang ihn bereits ein Bronchialkatarrh mit nachfolgender Lungen-, Rippen- und Bauchfellentzündung ins Krankenbett. Dies könnte der Beginn seines immerwährenden, schließlich vom Tod überholten Krankseins gewesen sein. Ein Lichtblick: Zwei dänische Verehrer, der Graf Schimmelmann und der Prinz von Augustenburg, gewähren ihm drei Jahre lang je 1000 Taler.

Nachdem Goethe im Dezember 1779 in Stuttgart auf einer Feier der Militär-Akademie Schiller von weitem gesehen hatte, fädelte am 7. September 1788 Charlottes Mutter ein erstes, aber enttäuschendes Treffen mit Goethe in Schloß Kochberg bei Frau von Stein ein. Am 1. August 1793 fuhr Schiller mit seiner hochschwangeren Charlotte in die alte Heimat nach Württemberg zu seinem Vater. Der Feldscher, Militärhauptmann und Werbeoffizier war inzwischen ein anerkannter Pomologe geworden. Von dieser Reise schrieb er an Körner, daß der Neckarwein nicht nur »desto besser schmeckt«, sondern er auch »für dasselbe Geld noch einmal soviel, als in Thüringen und zwar vortrefflichen« trinkt. Mit etwas Geld in der Tasche beglich er auch beim Ochsenwirt einst zurückgelassene Zechschulden. »Unser Schuldbuch sei vernichtet! / Ausgesöhnt die ganze Welt!« Sein Vater im Hungerlohn des Despoten konnte ihn kaum unterstützen. Den Besitz von Werken seines Sohnes mußte er geheimhalten. Vielleicht sah der schlimme Fürst über alles hinweg, denn der Vater bringt mit über 100.000 Obstbäumen der Pflanzschule durch den Verkauf von Obst und Bäumen dem Staatshaushalt viel Geld ein. Am 14. September bringt Charlotte in Heilbronn einen Sohn zur Welt. Ist es Schiller recht, daß sein ehemaliger Landesfürst, der »Herodes«, ihn ignoriert? Schließlich stirbt der Gewaltherrscher am 24. Oktober 1793. Dessen Sohn schließt 1794 die »Hohe Schule«. Für Schiller wird kurz vor seiner Abreise am 4. Mai 1794 die Begegnung mit dem großzügigen Verleger Cotta in Stuttgart »ein großes Glück«. Der gerät darauf in Leipzig mit Göschen um Schillers Veröffentlichungen in Streit.

In Jena bestellte Schiller beim Weinhändler Zapf so manches Mal Wein, allerdings bevor er alte Rechnungen abgalt. Übrigens tat der gutbetuchte Goethe gleiches. Seinen Weinkeller füllte er nun auch, wie Goethe, über Ramann in Erfurt. So kamen Weine aus dem Burgenland, von Frontignac, Malaga (in »Kabale und Liebe« getrunken), vom Neckar, Rhein sowie der Roussilion und Würzburger in seinen Keller.

»Wenn sich Verstand und Herz, Sinn und Gedanken entzweien?« Die zwei hatten Schwierigkeiten mit ihren Gehirnhälften. Nur jeder jeweils mit der anderen. Während Goethe seine Gemütserregungen nicht so recht mit dem Verstand in Einklang bringen konnte, so Schiller seinen Geist mit den Sinnen. Er erschloß sich überwiegend mit dem Geist die Welt. Doch wenn man das Leben nur rational zu begreifen sucht, wird sein Genuß behindert. Wer erreicht, daß die Gehirnhälften einander zugetan sind, der lebt besser. Goethe ging mehr mit seinen Sinnen auf das Leben zu. Allerdings versuchte er stärker, die Welt ganzheitlich von der Natur her zu erfassen. Beide jedoch rangen mit der Kunst um die Harmonie von Kopf und Herz.

Wenn die zwei Großen im letzten Jahrzehnt von Schiller, der dem »Egoist(en) ungewöhnlichen Grad(es)« auch aus dem Wege ging, doch noch zusammenfanden, so lag dies mehr an Goethe. Der hatte ihn bislang einfach übersehen. Schiller schrieb an Körner, Goethe sei »wie ein Gott, ohne sich selbst zu geben.« Ernestine Voss schrieb am 15. August 1805 über Goethe an Charlotte Schiller, »mir ist Gottlob! die Welt noch nie so eng gewesen als in seinem Zimmer.« Goethe aber erkannte nun, daß nicht nur der Wein dichterische Kraft anregt, sondern ebenso sein »Dichter Konkurrent« ihn mehr beflügelte als behinderte. Es gab eben Zeiten, wo mehr Schiller als Goethe gelesen wurde. Goethes Schauspiele kamen viel seltener auf die Bühne und seine »Wahlverwandtschaften« und der »West-Östliche Divan«, der auch ein Wohlgesang auf den Wein war, ließen sich kaum verkaufen. Professor Hans Mayer schreibt: »Schiller ist erfolgreich. Goethe ist es nicht.« Außerdem ist er in dieser Zeit etwas isoliert. Um verstärkt an den literarischen Debatten teilzunehmen, hatte Goethe schon die Mitarbeit, jedoch mit höherem Sonderhonorar, in der von Schiller in Aussicht gestellten Zeitschrift »Die Horen« am 24. Juni 1794 zugesagt. Dabei ging es Goethe auch um das Ausspähen des »gefährlichen Verführers« Fichte und von aufmüpfigen Studenten. 1798 bekommt Fichte seinen Laufpaß. Als Schiller 1795 in den Horen Goethes »Römische Elegien« abdruckt, bekommt er seinen ersten Brief vom Herzog. Obwohl Schiller die derbsten Zeilen bereits wegließ, kritisierte ihn der Herzog. Goethe hätte in Italien ungezügeltes Drücken mit Faustina zuviel Freude gemacht. Mir waren »Faustinas Küsse« schon vor 60 Jahren mit den Schwimmer-Grafiken ein heiterer frivoler Genuß. Herder meinte nun, man müßte die Horen jetzt mit einem »u« drucken. Übrigens stammte die Kolorierung nicht wie angegeben von Schwimmer. Wie ich in den Marginalien 167. Heft 2002 unter »Mein erster Wein und Max Schwimmer« schrieb, mußten Elfriede Weidenhaus (eine Freundin von uns und damals Studentin in Leipzig bei Schwimmer) und auch andere Studentinnen mit erotischer Schaffenskraft Faustina farbiger ins Bett holen. Die Weimarer Gesellschaft kraulte sogar Faustina und Goethes Christiane in »Italiänsche(r) Luft« zusammen. Goethe verbarg erst einmal Christiane vor Schiller. Der äußerte auch nichts Gutes über sie.

Nach einer Tagung der »Naturforschenden Gesellschaft« in Jena am 20. Juli 1794 spürte Goethe, daß ihre wenn auch nicht immer auf Rosen gebetteten Streitgespräche sein Schöpfertum förderten. Schiller schöpfte die Welt überwiegend theoretisch aus der Idee heraus und Goethe setzte mehr auf ihre Beobachtung. Schiller nahm nun die Gelegenheit beim Schopfe, inszenierte weitere Treffen, schrieb selbstkritisch über sein Verhältnis zu »Begriff und Anschauung« und lobte Goethe über den grünen Klee. Nun gewannen sie gegenseitig an dichterischer Kraft. Sie fanden Übereinstimmung darin, daß Schönheit in der Entfaltung menschlicher Eigenschaften liege. In vielen langen Werkstattgesprächen fachten sie ihre schöpferischen Kräfte an. Sie verfolgten vereint mit »rein Menschlichem« eine »höhere Kultur in Kunst und Leben«. »Unmittelbare politische oder gar politisch-revolutionäre Orientierungen schlossen sie aus«. So wurden die Horen ebenso wegen ihrer revolutionskritischen Orientierung angegriffen, unter anderem von Friedrich und August Wilhelm Schlegel. Wenn Goethe auch sehr zurückhaltend seinen Dichterfreund lobte, im Faust II heißt es: »Doch unter den heroischen Gestalten / Wen hast du für den Tüchtigsten gehalten?« Als seine Schwiegertochter Ottilie Schiller oft zu langweilig fand, erwiderte Goethe: »Ihr seid alle viel zu armselig und irdisch für ihn.« Die erheblichen Mengen an Wein, »dreimal gesegneter Trank«, die der Mainzer Statthalter Karl Theodor von Dalberg an Schiller sandte, tranken sie oft zu ihren »Mitternachtsgesprächen«. Tagesgespräche blieben ebenfalls nicht trocken. Schiller schreibt am 24. September 1794 während seines 14-tägigen Aufenthaltes bei Goethe an seine Frau Charlotte: »Überhaupt trinke ich tagsüber mehr Wein als gewöhnlich und dieser scheint mir besser als warme Getränke zu bekommen.« Dabei wußten beide, wie Schiller Wallensteins Schwager Isolani im »Piccolomini sagen läßt:

> Terzky: *Der Wein spricht aus ihm!*
>   *Hört ihn nicht, ich bitt euch.*
> Isolani: *Der Wein erfindet nichts,*
>   *er schwatzt nur aus.*

Ihrem Herzog paßte diese Freundschaft nicht. Das Paar, von denen nun »im Grunde keiner ohne den anderen leben konnte«, legte, sich gegenseitig belebend, der Welt Werke vor, von denen wir bis in unsere Tage noch zehren. Schiller verfaßte alleine 11 Dramen und hinterließ ein unvollendetes zwölftes. Er meinte: »Es ist nichts als die Tätigkeit nach einem bestimmten Ziele, was das Leben erträglich macht«. Er erreichte sein gesetztes Ziel nicht. In seiner Schreibkommode lagen noch um die achtzehn Entwürfe. Übrigens waren in seiner Planung bis zu seinem Fünfzigsten auch 6 Eimer Wein enthalten. »Die Kunst, o Mensch, hast du allein. ... Und in der Wahrheit findet man das Schöne.« Diese Kunst kostete dem »besessenen Arbeiter« auch die Gesundheit. Es sieht danach aus, als ob Schiller François de La Rochefoucaulds Maxime folgte: »Es ist eine langweilige Krankheit, über seine Gesundheit durch zu strenges Regiment zu wachen.« Staunend empfinden wir, welch' bedeutungsvolle Wahrheiten Goethe und Schiller in Gedichten unnachahmlicher Poesie verkündeten. »Da die Götter menschlicher noch waren, / waren Menschen göttlicher.« Ihr tiefer Gehalt rettet uns heute über das oberflächliche Leben. Wenn es auch zu ihren Zeiten der Menge gelang, Fürsten und Königen die Köpfe abzuschlagen, auf der Bühne durfte es nicht sein. So mußte Schiller schon mit Bitternis seine »Räuber« vor der Uraufführung im Januar 1782 mehrfach entschärfen, ins Mittelalter verlegen und mit ansehen, wie der Intendant Dalberg sein »Wagnis« weiter kastrierte. Den plagte die Angst um seine Stellung. Wie gegenwärtig, »nicht dem Guten gehöret die Erde«, klingt der Satz des Schweizers: »Pulver genug, die Erde gegen den Mond zu sprengen.« Schiller bedrückte der verhängnisvolle, aggressive Hang von Menschen: »Alle Inseln spürt er, alle fernen / Küsten – nur das Paradies nicht auf.« Er dachte, wie dann Novalis, mit der Kunst der beengenden Geschäftigkeit einen Gegenpol zu setzen. Übrigens pflegte ihn 1791 während seiner Krankheit der in Jena studierende Novalis. Kunst soll ebenso helfen, »Resultate der Wissenschaft … dem Gemeinsinn verständlich zu machen«. Ich denke, man geht an Schillers Lebensauffassung vorbei, wenn man meint, er schuf sich eine ideale Welt als Seelenheilmittel, um mit ihr »allen Plagen, allen Erdenlasten« zu widerstehen. Allerdings ließ ihn die »unabwendbare« bürgerliche Misere nur noch auf die Kunst hoffen. In ihr sah er eine Möglichkeit, zwischen Ideal und Wirklichkeit zu vermitteln. Durch Goethe wuchs sein Naturverständnis. Aber mit »… noch nicht zur Freiheit erwachet, / Teilst du mit deiner Flur fröhlich das enge Gesetz …« war nicht romantische Flucht in Naturidylle gemeint. Er betrachtete historisch, wie sich das verengte naturverbundene Landleben zum widerspruchsvolleren höheren Stadtleben entwickelte. Der Verlust sollte aufgehoben werden: »Bildet, ihr könnt es, dafür freier zu Menschen euch aus«. Diese »friedliche« Illusion bediente jedoch das Interesse des aufstrebenden Bürgertums.

Beide erlebten hautnah die Zensur der Herrschenden. »Freund, bedenkt euch wohl, Die tiefere, kühne Wahrheit / Laut zu sagen, sogleich stellt man sie euch auf den Kopf.« Dem Verlauf der französischen Revolution standen sie, gelinde ausgedrückt, zunehmend recht reserviert gegenüber. Allerdings zeigte Schiller ihr gegenüber zu Beginn offen Sympathie. Ja, er wurde am 26. August 1792 Ehrenbürger der französischen Revolution. Jedoch, wenn es auch einige erwarteten, Schiller distanzierte sich nicht von der Ehrenbürgerschaft. Auch später, als er die Urkunde erst nach sechs Jahren in der Hand hielt, schwieg er. Mit Goethes Unterstützung wird er nach Antrag seines Herzogs am 16. November 1802 aus Wien seinen Adelsbrief erhalten. 1803, nach seiner Erhebung in den Adelsstand, läßt er im Adelskalender vermerken: »Herr D. f. v. Schiller, Bürger von Frankreich, Herzoglich Großmeiningischer Hofrat.« Aber die Gewalt der Revolutionäre und die unmenschliche Entartung der Revolution stießen sie ab. So schrieb Schiller an Goethe: »Bei Revolutionen sieht man die alte Unart der menschlichen Natur ... und man endigt«, um »sich eine brutale Herrschaft über alles anzumaßen.« In Schillers Glocke tönte es 1799: »Wenn sich die Völker selbst befrein, / Da kann die Wohlfahrt nicht gedeihn / ... Jedoch der schrecklichste der Schrecken, / Das ist der Mensch in seinem Wahn.« Letzten Endes verschenken für ihn die Revolutionäre durch die Hinrichtung von Ludwig XVI. die »politische Freiheit«. Obwohl in den »Räubern«, im »Don Carlos« und im »Wilhelm Tell« die Gewalt gegen Gewalt ihre Rolle spielt, es paßte nicht mehr in sein Konzept. Schiller will die politische Freiheit durch ästhetische Erziehung der Menschen erreichen. Sigrid Damm meinte, für Schiller sei aufgebraucht, daß »die Welt durch die politische Tat – wie in den ›Räubern‹ – oder durch ideologischen Appell – wie im ›Don Carlos‹ – zu verändern« sei. Im Übrigen kann er seine Dramen des

»Sturm und Drang« nicht mehr sehen. In diesem Sinne schreibt er: »Welchen Leser ich wünsche? Den unbefangensten, der mich, sich und die Welt vergißt und in dem Buche nur lebt.« Schiller jedoch holten die Tatsachen der Wirklichkeit immer wieder vom »Olymp«. Die Welt, die ihn fast erdrückte, pochte ständig an seine Tür. So spielte er mit dem Gedanken: Sind uns nicht die politischen Interessen näher als die ästhetischen? Auch dachte Schiller nicht nur an skrupellose Machenschaften von Machtmenschen. Er wußte, womöglich aus eigenen Lebenserfahrungen schöpfend, womit Freiheit beginnt. So schrieb er in Loschwitz: »Feuer soll ich gießen auf's Papier / Mit angefrornem Finger? ... Ich stürze aus meinen idealistischen Welten, sobald mich ein zerrissener Strumpf an die wirkliche mahnt.« »Nichts mehr davon, ich bitt euch, zu essen gebt ihm, zu wohnen. / Habt ihr die Blöße bedeckt, gibt sich die Würde von selbst.« Schiller und Goethe ahnten wohl, daß entsprechende Umstände das Menschliche im Menschen und so eben auch ihr Inneres bedingen. Der »schöne Mensch« kann sich vielleicht doch nicht aus sich selbst heraus bilden. In den Briefen zur ästhetischen Erziehung schrieb Schiller: »... aber wie kann sich unter den Einflüssen einer barbarischen Staatsverfassung der Charakter veredeln?« Seine Charaktere bildeten sich unter den gegebenen gesellschaftlichen Verhältnissen, unter dem »Drang der Umstände« und sie zerbrachen auch an ihnen. Daher wußten die zwei, daß im Deutschland von 1789 die Freiheit nur »ein vager Traum« war. Außerdem erkannte Schiller, was heute sogar bei manchen unser Leben generell bestimmt: »... auf einer Seite anstrengende und erschöpfende Arbeit, auf der anderen erschlaffender Genuß.«

Generationen nach ihm erlebten, wie die Verhältnisse unterschlagen wurden, unter denen Schiller lebte und wie gerade das herausgefiltert sowie manipuliert wurde, was den jeweils Herrschenden ins Konzept paßte. Golo Mann nennt ihn den »Historiker der Freiheit«. Was Goethe und Schiller nicht wußten, welcher Mißbrauch, »von der Parteien Gunst und Haß verwirrt«, des Begriffs Freiheit heute betrieben wird. Die »Freiheit«, hungernd arm zu sein, wächst unerbittlich. Und was den veredelnden Geist betrifft: Anstelle der Ästhetik des Wahren tritt, wenn es gut geht, ab und zu die Warenästhetik. In der Literatur läuft es gegenwärtig ganz vereinfacht: Und da sagte ich: Ich sage nichts! Da bekam ich den Literaturpreis. »Edel« genug abgefaßt, dies reicht. Nicht nur die Niederschrift von Gedanken, ebenso wird die Theatervorstellung psychologisch so individualisiert, daß die Wirklichkeit, obwohl man die Spieler in moderne Klamotten steckt, gar nicht mehr vorkommt. Kritiker werten sogar Aufführungen in zeitgerechten Kostümen als historisierende barocke Staffage ab. »**Das geheime Räderwerk**« wird in den Menschen verlegt, das der Gesellschaft bleibt geheim. Wenn man die Werke so spielen würde, wie sie für die damaligen Verhältnisse gemeint waren, und wenn auch Schiller die individuellen Möglichkeiten des Einzelnen als Gestalter der Geschichte überschätzte, der Zuschauer würde sich seine Gedanken machen, »als sei es für unsere Tage geschrieben.«

Welche menschenverachtende Bestialität: 1943 wollten die Nazis mit Schiller – bis alles in Scherben fällt – bei nazistischem Schwulst dem Endsieg entgegen marschieren. Sie ließen auch in Buchenwald den Schreibtisch des Dichters der Freiheit, an dem er seine aufrüttelnden Worte niederschrieb, durch Häftlinge nachbauen. Als ich im Mai 1945 auf die ersten Rotarmisten, die uns von diesen Mördern befreiten, traf, hörte ich Worte, die mich nach Goethe, Heine und Schiller befragten. Mein Vater fand im zerbombten und zerschossenen Königsberg das heile Schillerdenkmal mit dem russischen Schriftzug: Nicht erschießen, das ist ein Dichter. Schon Jahrzehnte hängt in meinem Arbeitzimmer »Freude, schöner Götterfunken« mit Grafiken der Leipzigerin Ursula Mattheuer-Neustädt. In diesem Lied, 1786 im Leipziger Gohlis entstanden, hieß es ursprünglich »Bettler werden Fürstenbrüder«. Schiller freute sich wohl, als ihm der Schwedenkönig Gustav Adolf IV. am 30. August 1803 nach der Aufführung von »Wallensteins Tod« einen Brillantring schenkte, schreibt jedoch an Wilhelm von Wolzogen: »... Wir Poeten sind selten so glücklich, daß die Könige uns lesen, und noch seltener geschieht's, daß sich Diamanten zu uns verirren, ... aber unser Reich ist nicht von dieser Welt.«

Als am 12. Oktober 1794 in Weimar Schillers »Wallensteins Lager« mit einer Welle der Begeisterung aufgeführt wurde, sang Schiller auf einem Bankett im »Elephanten« noch einmal die Kapuzinerpredigt: »Heisa, juchheia, duddeldummdei! / Das geht ja hoch her. Bin auch dabei.« Am nächsten Tag feierte er mit Goethe in Jena beim Wein seine Rückkehr ins Theater und machte sich im goldenen Herbst draußen im Garten weiter an den Wallenstein. Hier trinkt er auch mit Goethe am Steintisch Wein. Wie wir wissen, fördert Erfolg die Gesundheit, so auch bei Schiller. Doch schon gerät er in Streit mit Jean Paul, der Frau von Kalb nicht nur besuchte, sondern der sich auch mit ihrem Heiratsantrag auseinandersetzten mußte. Danach schreibt Jean Paul in einem Brief an Frau von Kalb: »Doch habe ich gegen Goethe und Schiller eben so viele Liebe als eigentliches Mitleid mit ihren eingeäscherten Herzen.« Die philosophische Dämonin Madam de Stäel, aus Frankreich verwiesen, fährt ihm 1803, seine Arbeit störend, zwischen den »Tell«. Sie hielt sich jedoch an das Genie und übersah »den unerträglichen, grummelnden Choleriker mit seiner unerbittlichen Rechthaberei«. Am

29. Januar 1799 richtete Schiller die Aufführung des »Piccolomini« wieder auf. Damit begann ein neues Kapitel der Theatergeschichte. Doch schon ging es mit ihm gesundheitlich weiter bergab. Überhaupt blieb der »Wallenstein« eine einzige Herausforderung an seine Schaffenskräfte. Um »Maria Stuart« zu beenden, spornte er sich mit zwölf Flaschen Laubtaler Wein an. Als er den Schauspielern »Maria Stuart« vorlas, brachte er sie mit »etlichen Flaschen Wein« in Stimmung. Das Schauspiel von den zwei in Beraternetzen verfangenen Huren der Macht wurde dann mit großem Erfolg am 14. Juni 1800 in Weimar und danach in Bad Lauchstädt aufgeführt. Im kalten Dezember 1799 war Schiller schon nach Weimar gezogen. Goethe wärmte ihn mit heißem Punsch. Ab 6. August des Jahres 1801 fuhr er mit den zwei Schwestern, nicht ohne schon unterwegs Gläser klingen zu lassen, nach Loschwitz ins Weinberghäuschen zu Körner. Dresdens Schätze, die Landschaft und der Wein schenkten ihnen letztes glückliches Vergnügen. Es ist etwas Schönes im Leben, an jenen Orten wieder einzukehren, wo wir einst glücklich verweilten.

>*»Aus den Wolken muß es fallen,*
>*Aus der Götterschoß das Glück,*
>*Und der mächtigste von allen*
>*Herrschern ist der Augenblick.«*

Auf dem Rückweg brach in Leipzig bei der dritten Aufführung von »Die Jungfrau von Orleans« schon nach dem Vorhang beim ersten Akt Jubel aus. Nach der Vorstellung war der Platz schwarz von Menschen und der Ruf »Hut ab!« rührte Schiller, wie zuvor die Besucher sein Werk überwältigt hatte. Sein Fürst Carl August hatte das Stück von der Weimarer Bühne weggelobt. Dahinter steckte wahrscheinlich dessen Geliebte, die

Schauspielerin Caroline Jagemann. Mit der Gunst seines Herzogs war es ein Auf und Ab. Dieser verlangte sogar von Goethe, gegen den Vivatrufer Dr. Schütz aus Jena anläßlich der Aufführung »Die Braut von Messina« vorzugehen. Die Weimarer Intrigenwirtschaft machte Schiller das Leben schwer.

Während eines Kuraufenthaltes im Sommer 1803 in Bad Lauchstädt kam es zu einer »gewitterträchtigen« Aufführung vom Stück »Die Braut von Messina«, wo die Vivats »nicht wie in Weimar geahndet« wurden. Die Studenten aus Halle und Leipzig holten Schiller aus dem Bett und fanden ihn erstaunlich als »Bursche unter Burschen«. Wieder zu Hause bekam er 30 Flaschen Portwein von seinem Verleger Cotta geschenkt. Mit ihnen, »im Tell leb' ich und web' ich«, stärkte er sich für die Endfassung. »Es ist ein wahres Lebensöl, das Herz und Eingeweide stärken wird.« Dies waren ihm auch seine Kinder: »... ein solches Häuflein von Kindern als ich um mich habe, kann einem wohl zum Nachdenken bringen.« Zu den Punschgesellschaften Goethes in Weimar verfaßte er das legendäre Punschlied.

Vier Elemente
Innig gesellt
Bilden das Leben,
Bauen die Welt.

Preßt der Zitrone
Saftigen Stern,
Herb ist des Lebens
Innerster Kern.

Jetzt mit des Zuckers
Linderndem Saft
Zähmet die herbe
Brennende Kraft.

Gießet des Wassers
Sprudelnden Schwall,
Wasser umfänget
Ruhig das All.

Tropfen des Geistes
Gießet hinein,
Leben dem Leben
Gibt er allein.

Eh es verdüftet
Schöpfet es schnell,
Nur wenn er glühet,
Labet der Quell.

Sigrid Damm schreibt, daß er aus Hamburg gesandte Austern mit gutem Weißwein in Gesellschaft »fröhlich verzehrte« und sein Weinkeller es »durchaus mit dem von Goethe aufnehmen« konnte. Johann Heinrich Voß berichtet noch 1804, ein Jahr vor Schillers Tod, über den »Trinkkönig« auf einem Maskenball. Trotz Bitten seiner Frau, nach Hause zu kommen, blieb er bis drei Uhr morgens. Neun Flaschen roter und weißer Champagner versetzten Schiller und seine Gefährten durch einen leichten Rausch in ihre Jugendjahre zurück. Obwohl er im Dezember schon totgesagt wurde, hielt er sich, von Cotta beschenkt, mit vierzig Flaschen Portwein und zehn Flaschen Malaga noch am Leben. Es gab sie damals noch, die spendablen Verleger. Oder wollte Cotta nur seinen Autor am Leben halten, wie es heute manche Ärzte tun, um den existenzsichernden Patienten nicht zu verlieren? Schiller setzte sehr auf die gesundheitlich gute Wirkung von Wein. Seinem Freund Körner empfahl er 1788 »auch hört man überall das Karlsbad preisen ... immer ein bis zwei Gläser Wein« zu Tische. Goethe nahm sich sogar seinen Wein ins Kurbad mit oder ließ ihn sich schicken.

Der Premiere von Wilhelm Tell am 17. März 1804 ging die letzte gemeinsame Arbeit von Schiller und Goethe voraus. Sie streichen den 5. Akt, »weil wir des Kaisersmord nicht erwähnen wollten«. Schiller gibt ebenfalls Ifflands Bedenken für die Berliner Aufführung teilweise nach. Vom 1. bis 17. Mai 1804 weilte Schiller in Berlin und Potsdam. Wiederum nutzt er das Angebot, nach Berlin zu kommen, für eine Gehaltsaufbesserung in Weimar. Das Gehalt wird ihm verdoppelt. Er war wohl selbst um Ortswechsel bemüht.

Im letzten von Schiller unvollendeten Drama »Demetrius« geht es um die »Nullität« eines vermeintlichen, von Machtgier besessenen Siegers, der sich mit seinem falsch gelebten Leben nun nur noch unter Schatten

 84

findet. Wie die englische Königin Elisabeth in »Maria Stuart« schließlich von der selbst verursachten kalten Einsamkeit befangen wird, so der sich selbst verratende Demetrius. »Du bist nicht mehr, wenn dieser Schein verfällt.« Und Schiller klagte: »Der rauhen Wirklichkeit zum Raube … Die Ideale sind zerronnen, / Die einst das trunkne Herz geschwellt« Auch ihn zermalmte das Schicksal. Seine hochfliegenden Pläne. »die Schönheit zur Vermittlerin der Wahrheit zu machen und durch die Wahrheit der Schönheit ein dauerndes Fundament und eine höhere Würde zu geben«, stießen sich an der Wirklichkeit wund. Er aber läßt nicht von ihnen und muß aber bedenken, daß »man nicht immer rein bleibt«. Ich jedoch fand Schillers »Harmonie von Mensch und Gesellschaft« im sozialistischen Humanismus wieder, wenn auch Ideal und Wirklichkeit im Getriebe erheblich knirschten. Seine erstrebte Anmut und menschliche Würde waren uns gemäß. Das Schlimmste, was uns aufhielt, war das westdeutsche Kapital (gestützt durch das internationale), das überall seine Hände in unser Getriebe steckte. Dies zwang uns nicht nur, fester in die Speichen zu greifen, sondern ihnen und ihren rücksichtslosen Handlangern auch mit größerer Härte entgegenzuwirken. Mit Brecht: Wir konnten leider nicht so freundlich sein, wie wir es wünschten.

Wie gern hätte Schiller die urwüchsige Richtschnur Rabelais' »wer immer trinkt, stirbt nie« als eigenen Wunsch gesehen. Bei seinen zunehmenden krankhaften Anfällen reichte man ihm auch Wein. So schenkte ihm sein Weimarer Herzog Madeira, den er zusammen mit seinen ungarischen Weinen trank. Aber am ersten Mai 1805 muß ihn Voß fiebernd und »Zähne klappernd vor Kälte und Hitze« nach Hause führen. Ein Punsch half ihm auch nicht. Die beiden Schwestern (er hatte sie immer noch am liebsten alleine um sich) und

Heinrich Voß pflegten ihn. Während er am Tage vor seinem Tod nach der Sonne verlangte, reichten sie ihm auch die letzten zwei Gläser Champagner. Vielleicht dachte er an Anakreon: »viel besser ist es, trunken als tot am Boden zu liegen«. Er starb im 46. Lebensjahr, abends am 9. Mai 1805. Was mir nicht geschehen soll, er ließ um die 200 Flaschen ungetrunken in seinem Keller zurück.

Ein großer Dichter, der »eine höhere Kraft im Menschen erregen« wollte, war tot. »Er stürzt mitten in der Bahn / Es reißt ihn fort vom vollen Leben.« Er wollte, daß »die Kunst zugleich ideell und doch im tiefsten Sinn reell sein« soll. Er meinte, daß »sie das Wirkliche ganz verlassen und doch auf das genaueste mit der Natur übereinstimmen soll und kann«. Schiller hoffte, dieses dialektische Verhältnis könnte »der Menschheit ihren möglichst vollständigen Ausdruck geben«. Wie gut würde dies unserer Kunst heute tun. Sein Vermächtnis an uns: »Der Menschheit Würde ist in eure Hand gegeben, Bewahret sie.« Die Ärzte wunderten sich nach der Sektion, wie solch ein verwachsener, vereiterter und fast gänzlich zerstörter Körper überhaupt diese etwas über 45 Jahre durchhielt. Aus der Arbeitsmedizin weiß ich, wie Lebens- und Schaffenswut übernatürliche Kräfte freisetzen.

> *»Nur der Irrtum ist das Leben,*
> *Und das Wissen ist der Tod. …*
> *Nur im Abgrund wohnt die Wahrheit.«*

Schiller meinte, er fühle den Schaden sein ganzes Leben lang, den die »herz- und geistlose Erziehung am unseligen Anfang des Lebens in mir angerichtet hat.« Er hätte nach Engels »verzweifelt ohne den Ausweg, den die Wissenschaft und Geschichte der Antike bot.«

Charles Baudelaire

Charles Baudelaire

(1821-1867)

Der Dichter wurde wegen seines verschwenderischen Lebens unter Vormundschaft gestellt. Er sagte von sich selbst: »... tiefe Freuden des Weines, wer hat euch nicht gekannt? ... Zu dir, o Mensch, erhebe ich, o teurer Enterbter, in meinem Glasverlies und unter rotem Siegellack ein strahlendes, ein brüderliches Lied.« Er freute sich über Menschen, die eine »Menge Champagner, ... ohne Beschwernisse in sich aufnehmen konnten«. Aber auch: »wie fürchterlich sind seine niederschmetternden Wonnen und seine entnervenden Bezauberungen. ... Wer unter euch würde den mitleidlosen Mut haben, den Menschen zu verdammen, der im Trunke den Geist sich kräftigt? ... Wir sind alle mehr oder minder närrisch!« Für ihn besaß der Wein nur einen Fehler. Er war immer zu schnell alle. Doch wie bitter muß ihm die Erkenntnis geschmeckt haben: »Die Ausschweifung ist nicht mehr die Schwester der Inspiration. ... Die rasche Entkräftung und der Verfall einiger schöner Naturen liefern ein hinreichendes Zeugnis gegen dieses abscheuliche Vorurteil.« So bedauerte er die »widerwärtige Trunkenheit in den Vorstädten, die ... sich lächerlich im Straßenkehricht wälzt.«

Baudelaire verglich in seinen »Künstlichen Paradiesen« die Wirkungen von Wein, Opium und Haschisch. Er haschte alles, um mehr von der Welt zu erfahren: »Der Wein ... wälzt ein geistiges Gold durch die ermattete Menschheit ... Der Wein regt die Willenskraft an, der Haschisch macht sie zunichte. Der Wein ist eine psychische Stütze, – der Haschisch eine Waffe für den Selbstmord.« Das Opium ist »ein zügelloser Dämon«. Goethes Werther meldet sich! »Der Wein macht gut und gesellig, der Haschisch isoliert, ist antisozial. Der eine ist arbeitsam ..., der andere im Wesentlichen träge, ungeeignet zur Tat.« Baudelaire ertrank sich: »Wein und Mensch wirken auf mich wie zwei befreundete Ringkämpfer, die unaufhörlich ringen und sich versöhnen. Immer umarmt der Besiegte den Sieger.« Vielleicht folgte er mit »des Weines Seele hört ich singen« seinem toleranten und skeptischen Bordelaiser Landsmann **Michel Eyquem de Seigneur Montaigne** (1533-1592). Dieser erquickend heitere Humanist überzeugte auch uns: »Dem Verwöhnten schmeckt der Wein fade, dem Gesunden kräftig, dem Verdurstenden herrlich: Jeder übertreibt in seiner Richtung. ... Die Lust, auf welche wir es doch im Verlaufe unseres Lebens alle abgesehen haben, muß dem Weingenuß einen breiteren Raum gewähren.« Baudelaire, der auch von der »Trunkenheit des Lachens« schrieb, er hoffe, daß »einmal ein wahrhaft philosophischer Mediziner ... eine gewaltige Arbeit über den Wein schreibt, eine Art Doppelpsychologie, deren beide Komponenten der Mensch und der Wein sein werden.« Baudelaire, der »Bürgerschreck«, dem »Brüste meines Weinbergs süße Spenden« das Leben ausmachten, bedrückte jedoch: »Dies Volk von Not gepeinigt und getrieben / Von Arbeit wund, vom Alter mürb getrieben«. Mit den »Erniedrigten und Deklassierten« beteiligte er sich an den Barrikadenkämpfen 1848. Baudelaire, der den Untergang des Dandys bedauerte und sich gern als solcher sehen wollte, fand sich schließlich jedoch bei den Konservativen. Eine beständige Überzeugung war ihm sowieso verdächtig.

Er war sprachbegabter, ausdrucksstarker Schriftsteller, ebenbürtiger Übersetzer der Werke von Poe. So bewegte ihn auch in seinen »Neuen Anmerkungen zu Edgar Poe« der Satz von Poe: »Das Volk hat mit den Gesetzen nichts zu schaffen, außer dem, daß es ihnen zu gehorchen hat.« Getragen von seiner Empörung über das unheilvolle bürgerliche Leben in einem »in sich selbst vernarrten Jahrhundert« mit dem »naiven Glauben an die Allmacht der Industrie« – »Taub und morsch wie Mauern / Wie ein Gebäude, das der Wurm benagt« – stieg er zum großen Anreger seiner Zeitgenossen und der Literaten des 20. Jahrhunderts auf. Die Kunst- und Literaturkritiker von heute könnten viel von ihm lernen. Er besaß das, was ihnen fehlt. Mit der betonten Sachlichkeit, dem Mangel an Geist und persönlicher Betroffenheit kommen diese Kritiker ins Stolpern, wenn ihnen mit einem Male doch noch Kunst begegnen sollte. Besonders sein imaginäres Reich der Schönheit »Die Blumen des Bösen«, mit denen er das herkömmliche romantische Schönheitsideal ad absurdum führte, brachte ihm einen Prozeß wegen Verletzung der »guten Sitten, Gotteslästerung« und »wegen Verhöhnung der öffentlichen Moral« ein. Seine Verurteilung wurde erst 1949 förmlich aufgehoben. »Dies Geschmeiß, wie eiserne Maschinen unverwundbar, hat niemals sommers nicht noch winters, die wahre Liebe je gekannt, ...« An »eine Kurtisane«, seine geliebte Mulattin Jean Duval gerichtet, bekennt er im hocherotischen Detail sehr offen, jedoch eben auch sehr sensibel seine ausschweifenden sexuellen Vorlieben. Er verewigte sie in einer Federzeichnung. In seinen Künstleressays, meist mit Verstand und Herz geschrieben, beglücken ihn eben auch die Bilder der Wollust. François de La Rochefoucaulds Ansicht könnte für ihn gelten: »Wir wissen bei weitem nicht, wozu unsere Leidenschaften uns zu drängen vermögen.« Doch nicht nur seine Süchte, – »du tiefe Flasche, Balsam mir und Rausch ... Du Saft, der an mir nagt, mein Leben und mein Tod«, – auch die unmenschlichen Zustände seiner Epoche zerstörten ihn. Die »neue Tyrannei«, diese »unerbittliche Diktatur ... öffentlicher Meinung ... der Klasse der höheren Angestellten«, machte ihn

 90

»in jener trunkenen Zeit« zum »morbiden provozierenden Zyniker«. Er haßte die »amerikanisierte« Welt. Mit seinem Sprung in die Dunkelheit wollte er sich vom markthörigen Bürger lösen. Er wollte etwas erleben und nicht bloß erkaufen. »Hast du aber / etwas im Becher / und du gibst dich ihm hin, / dann ist Schluß / mit der Geschäftigkeit / dieser Welt.« Seine Hoffnung fand er in der Kunst: »Die Kunst ist ein unendlich kostbares Gut, ein erfrischender und erwärmender Trank, der für Magen und Geist das natürliche Gleichgewicht des Ideals wiederherstellt.« Und er dachte voraussehend: »Die Zeit ist nicht fern, da man verstehen wird, daß eine Literatur, die sich weigert, brüderlich vereint mit der Wissenschaft und mit der Philosophie ihren Weg zu machen, eine mörderische und selbstmörderische Literatur ist.« Was er nicht ahnte, Wissenschaft und Philosophie gingen selbst den mörderischen Pakt mit den Herrschenden ein.

Dieser immer in Not lebende »wirklichkeitssüchtige« Bohémien war nicht nur der provozierende Lyriker, er war zugleich polemischer Essayist, Kunst- und Literaturkritiker sowie Musikliebhaber. Er verteufelte die bürgerliche Gesellschaft und lebte andererseits ihre dekadenten sowie morbiden Züge aus. Heute verkommt der Wein- und Liebesrausch zum Konsumrausch. Charles konnte den Wein nicht leiden, er mußte ihn seines Durstes wegen vertilgen. »Macht euch trunken.« In seinem Datenspeicher könnte heute das berühmte s. s. s. – säuft sehr stark – erweitert durch ein viertes s. – und er schnüffelt auch – stehen.

»Der Wein«! – Wie groß sind doch seine Schauspiele, die er aufführt und die er durch die innere Sonne beleuchtet! Doch »die warme Brust wird mir zum holden Grabe, / Weit sanfter als des kalten Kellers Grund.«

Fritz Reuter
(1810-1874)

Fritz Reuter brachte es nach dem Motto »Wasser tuts freilich nicht« als »gesunder« Quartalssäufer auf 64 Jahre. Ihm ging es wie seinem Onkel Bräsig: Wasser hat eine gruselige Wirkung auswendig – aber erst inwendig. Reuter hatte keinen »swachen Kopp for geistreiche Getränke«. **Franz Werfel** (1890-1945) reicht ihm das Glas: »Unser mildester Herr heißt Rausch.« Nach **Kurt Tucholsky** (1890-1935) ist das Schönste am Rausch, wenn er beginnt. Jedoch Reuter soll einmal sogar acht Tage lang jeden Tag acht Flaschen vertilgt haben. Rauschte der wundervolle Beginn nur einmal, welch' glückliche Fügung und noch glücklichere Erkenntnis, er bekam erst nach dem achten Tag, allerdings dann einen fürchterlichen Kater. Seine Frau - »Mutting giw mi en lütten Kuß!« – rief den Arzt. Diesen Dipsomanen erklärte sein Vater für ein ganzes Leben unmündig. Allerdings geriet er in Jena als Student und später in Eisenach nicht nur unter feuchtfröhliche Gesellen und auf Goethes Spuren. Er mußte 1833 als Germania-Burschenschaftler nach Camburg flüchten. Nicht weit entfernt, auf dem Kaatschener Dachsberg, erzeugen heute meine Söhne »Witten und Rotspon«. Nachdem uns Cornelia Nenz, die Direktorin des Fritz Reuter-Literaturmuseums in Stavenhagen, nach meiner Ausstellung »Wein und Erotik-Exlibris« durch die Bestände führte, fiel mir auf, daß die folgende Erzählung fehlte: Rotspon und Witten - Ut mine Flaschentid up de Reis nah Camburg - Fritz Reuter war dem Weine hold / Ja, er war ein Trunkenbold. / Jena war sein Studienort. / In Camburg ist er fast verdorrt. / Kam er da auf seinen Latschen, / Richtung Rudelsburg an Wein in Kaatschen? / Trank er dort womöglich seinen Witten? / Am Trinken hat er sehr gelitten!

Fritz Reuter

Er wurde aber gefaßt und wegen Betätigung in hochverräterischer Burschenschaft sowie Majestätsbeleidigung 1836 zum Tode verurteilt. 1837 begnadigte man ihn zu 30 Jahren Festungshaft und entließ ihn nach anhaltenden Protesten 1840. Nun schrieb Fritz Reuter »Ut mine Festungstid« nach einigen Querelen in Min Hüsung weiter seine heiteren und gesellschaftskritischen Romane. Reuter fiel durch seine ganz eigene Art, den Mecklenburger und sein Land zu sehen, auf. Diese seine Eigentümlichkeit ergab sich aus dem ungeheuren Eindruck seines Lebens. Er hatte Gegensätze schlucken müssen. Nur wer Dunkles erlebte, weiß über Lichtes zu schreiben. Als sein Dörchläuchten verkündet: »Demokraten will ich nicht in meinen Landen haben. ... Da seggt hei: »Herreje, Dörchläuchten, wi willen jo all girn Aristokraten warden, uns fehlt blot dat Riddergaud dortau un de Kutsch mit de vir Mähren.« Doch »allens bliwwt bi'n Ollen«. Er schrieb nicht nur Bücher, sondern stellte auch weiter leere Flaschen her. »In de Franzosentid satt hei auk bi Möllern Voß bim Rotwin mit dem Franzos tausamen »un so redeten sei französisch mit enanner un drunken.« Reuter wußte, woran man die Güte von Weinen erkennt. Wenig erfreute Entspekter Bräsig, daß der Ober in einem Berliner Hotel kein Pottelje Wein mit Langkork bringen konnte. Als Reuter 1860 im Kloster Stolp bei Anklam mit Entspekter Knitschky im gruglichen unterirdischen Gang nach Wein forschte, fand er, auch mit Aufzeichnungen zu Winbargen so bi Crivitz rüm, in der Hand eines Mönchsskeletts: »De Urgeschicht von Mecklenborg«. Nu bidd ick mi en Glas Crivitzer ut: Der Turm von Babylon bestand eigentlich »ut leddigen Buddeln, de sei upenanner stapelten«. Aus dem ersten Weinbauern Noah wurde »Noach, dorut hadden sei nahsten Joach makt, dorut Jachos un dorut Bacchus.« »Von nu an ward de mecklenbörgsche Urgeschicht

 94

vel klorer.« Diese Satire traf ebenso die sich bis heute anpassenden Historiker. Überhaupt prangerte er in seinen Werken die unmenschliche Willkür der Gutsbesitzer gefühlsstark und empörend an. Er glitt nicht auf dem »gebohnerte(n) Parkett fürstlicher Salons« aus. 1911 schrieb der Simplicissimus: »Zur Feier des Tages hat der Oberstaatsanwalt beschlossen, Ihre Strafliste nicht zur Verlesung zu bringen.« Reuter, der niederdeutsche Autor, brachte es sogar zu einer Villa in Eisenach. Immer wieder hielt er es aber mit den alten Chinesen. »Ich höre auf darüber nachzudenken« und lasse »meine poetischen Geschichten« … »der Frühling befreit mein Herz / und ich gehe ein ins Reich der Trinker.« Um seiner internationalen Bedeutung gerecht zu werden, »übersetzte« man ihn ins Hochdeutsche. Er aber ließ nicht von seiner Sucht und trank überwiegend in Kneipen. Nur wußte keiner, wo. Da richtete Frau Luise einen Teckel ab, der ihn begleitete. Sank Fritz unter den Tisch, dann sauste der Teckel nach Hause, gab Laut und führte einen Mitbewohner zum haltungslosen Reuter ins betreffende Gasthaus. Obwohl das Leben mit ihm nicht einfach war, de Frau bröcht ihm dat Leben lang sin Winglas. Mit Hoffnung stärkte sie ihm das Herz. Europa liest heute noch mit Genuß seine Bücher. Was keiner davor zu Stande brachte, der demokratische Landtag des Landes Mecklenburg verlieh unter der Regie von Warnke mit großer Anteilnahme des Altkommunisten Bernhard Quandt (er war damals Landwirtschaftsminister von Mecklenburg) am 4.8.1949 Reuters Geburtsstadt den Namen »Reuter-Stadt Stavenhagen«.

E.T.A. Hoffmann
(1776–1822)

Der »bewundernswerte« Anstifter unserer Freuden, sowohl als Musiker, bildender Künstler als auch als Romancier, darbte häufig selber. In Lehrerstilblüten las ich: »E.T.A. Hoffmann ist fast so ein Superheld, tags Jurist und nachts Schriftsteller.«

Der mit dem »hohen Kunstverstand« begabte Jurist, Dichter, Komponist, Dirigent, Maler und Zeichner, jedoch vor allem Erzähler, wurde in Königsberg/Ostpreußen geboren. Dort an der Universität studierte er auch die Rechte. Wir denken, sofern sein Geld reichte, daß er schon im berühmten »Blutgericht« seinen Wein trank. Auf dem Samland in Rauschen, jetzt Swetlogorsk im Kaliningrader Gebiet der »Russischen Förderativen Republik«, hat heute noch ein E.T.A. Hoffmann-Haus als Museum seine Tür geöffnet. Hoffmann befand sich als Freund der Wahrheit, welcher »der herrschenden Klasse nicht nach dem Munde zu schreiben« gedachte, mehrfach in Schwierigkeiten.

Er hatte gelernt, Wirklichkeit erlebt zu sehen und sie phantastisch »zauberhaft gespenstig« überzeichnend deutlich zu machen. Mit der Karikatur des stundenlang in einem Lokal bei »Käse und Wein hockenden Canonicus Seubert« prangert er den »geistesarmen Müßling« an. Er gehörte nicht zu denen, die sich dem Unsichtbaren verschrieben, bis alles Sichtbare aus der Kunst entschwand.

In Posen wirbelten 1821 auf einem champagnergetränkten Maskenball seine entlarvenden Portraits nicht nur die geistige Starre und Selbstzufriedenheit der Philister auf, sondern sie dienten auch als Beweismaterial im »Flohprozeß«. Mit einem Disziplinarverfahren wurde das Buch »Meister Floh« beschlagnahmt und nur nach seiner Entschärfung zum Druck zugelas-

 96

E.T.A. Hoffmann

sen. Hoffmann hatte sich dort über die Demagogen-gesinnungsschnüffelei lustig gemacht.

Seine Satiren richteten sich nicht allein gegen den reaktionären Adel, sondern er nahm ebenso den Spießbürger und den »geldgierigen und kunstfeindlichen Bourgeois« aufs Korn. In »Meister Martin der Küfner und seine Gesellen« läßt er im Wettstreit um die Meistertochter den Handwerker über Künstler und Ritter siegen. In der Novelle »Rat Krespel« lädt er zur Hauseinweihung nicht die Honoratioren der Stadt und die Geldsäcke, sondern die Meister, Gesellen, Burschen und Handlanger ein. Als »böser Geist« und Mitglied der »Königlichen Immediat-Kommission zur Ermittlung hochverräterischer Verbindungen und anderer gefährlicher Umtriebe« half er geschickt mit Hilfe bürgerlicher Rechtsnormen den von der metternichschen Restauration verfolgten »Demagogen« Friedrich Ludwig Jahn, Ludwig Roediger und Ludwig von Mühlenfels. »Ein guter Anwalt kennt das Recht, ein besserer die Richter.« Seine juristischen Fähigkeiten müssen, obwohl er den Herrschenden nicht nach dem Munde redete, ganz ordentlich gewesen sein. Man war mit ihm zufrieden. Doch 1821 erreichte er seine Entlassung aus der Kommission. Schon 1815 schrieb er: »Von der Kunst kann ich nun einmal nicht mehr lassen ... und ich würde lieber abermals den musikalischen Schulmeister machen, als mich in der juristischen Walkmühle trillen lassen!« Es mangelte ihm nicht nur am Wein, sondern ihm fehlten überhaupt die Pulswärmer für das schlechte Wetter, in das er geraten war. Aber »die Bitterkeit seiner Kritik entsprach ihrer Aussichtslosigkeit.« Das trostlos Gemeine des bürgerlichen Alltags hatte den Kunstliebhaber im Griff. Die Kunst konnte ihn nicht retten. Als Tröster blieb der Wein. Im »Kater Murr« erklärt er, was ihm an die Nieren ging. Der stille Suffke, der sich im Verborgenen vollschüttet, gilt nicht als Trinker. Dagegen wird der launig in Gesellschaft fröhlich Genießende als zechender Bacchusbruder heruntergemacht.

Als der Kellner ihm im renommierten Berliner Weinrestaurant »Lutter & Wegener« vier Flaschen Wein in Rechnung stellte, sagte er schlagfertig: »Ganz ausgeschlossen, in meinen Magen passen nur drei.« – »Ganz recht«, parierte der Kellner, »deshalb ist ihnen die vierte schon in den Kopf gestiegen.« Nicht im stillen Kämmerlein, sondern gerade in diesem Weinhaus, in dem oft der Schauspieler Devrient zechte, entstanden viele seiner Blätter. In all' seinen Erzählungen wird auch geprostet. Da wurden Burgunder, Fränkischer im Bocksbeutel, Chambertin, Champagner, Malaga, Madeira, Muskateller, Niersteiner, Portwein, Rheinwein, Rüdesheimer, Sherry, Tokajer und so mancher Punsch getrunken. Im Brief vom 8.9.1813 an den Weinhändler Kunz meinte er, daß sich dadurch »allerlei närrische Gestalten in skurrilen Bocksprüngen lustig und ergötzlich bewegten!« In der »Lustvollen Reise eines Weinfreundes in die Welt der Bücher« gedachte ich seiner Zuordnung der Weine zu verschiedener Musik. Immer tat er des Guten zu viel. »Der Mensch gießt Wein auf, und das Getriebe im Inneren dreht sich rascher!« Um seiner Frau die Gelage zu ersparen und ungestörter mit der Kellnerin anzubandeln, begann er in Weinstuben zu trinken. Er argwöhnte, das »Gräßliche« und das »Fratzenhafte« sind »die beiden Dinge, in denen ich am meisten leiste!« Heine aber meinte, Hoffmann »habe sich mit all seinen bizarren Fratzen doch immer an der irdischen Realität festgeklammert.« Er enthüllte unter dem »Schleier der Skurrilität« eine menschliche Gesellschaft, die Wahrheit und Schönheit sowie auch Kunst und Künstler verstößt. In den »Serapionsbrüdern« bekennt er, daß es ihm nicht nur um das freie Schweben im leichten Schwips geht, sondern er den

Rausch benötigt, um das »Mißverhältnis des inneren Gemüts mit dem Außenleben« zu betäuben. Doch zum Ende gewann der Wein bei ihm an Übermacht. Hoffmann starb an Leberzirrhose. Er hinterließ nicht wenige Weinschulden. Seine Werke beeinflußten Balzac, Baudelaire, Herzen, Bjelinski, Dostojewski, Gogol, Bulgakow, Poe und Wilde.

Auch **Paul Verlaine** (1844-1896), der große Symbolist, wünschte sich den Cyperwein »so leuchtend wie / Euer Nacken, Camargo!« Ihm machte der Alkohol in seinem ausschweifenden Vagabundenleben sehr zu schaffen. »Dein ganzes Leben ist ein trunkener Traum.« Doch er konnte sich häufig nicht aus der Verlegenheit helfen. Ihm fehlten die Mittel für die Weinapotheke. Er trank nicht wie ein Tier, sondern wie ein Mensch und das heißt über den Durst. »Langt zu und vertilgt nacheinander / Ohne Zaudern Pastete und Wein.« Als er einmal im Lokal seine Taschen durchsuchte, sagte er zum Wirt: »Ich wollte nur feststellen, ob ich noch Durst habe!« Da er nicht alt wurde, könnte man, wenn die »Lehrjahre des Gefühls« gewirkt haben, mit **Gustave Flaubert** (1821-1880), dem großen kritischen Realisten sagen: Derjenige ist alt, der den Lastern nicht mehr auszuweichen braucht, weil Ihnen »Madame Bovary« nicht mehr begegnet. Beide soffen sich zu Tode. Beide wurden als Literaten berühmt. Beide traten uns als kritische Realisten entgegen. Sie vertranken die bürgerliche Leere der Klassengesellschaft in ihren Gläsern. Obwohl sie das »persönlichkeitszerstörende« kapitalistische System erkannten, gingen sie an ihrer »schwebenden Unbestimmtheit«, schließlich auch noch verarmt, zu Grunde.

Wilhelm Busch

Wilhelm Busch

(1832-1908)

»Stets trank er lieber Wein als Wasser und war auch nie ein Weiberhasser.« Aber auch »Wie lieb und luftig perlt die Blase / Der Witwe Klicko in dem Glase«. Klappte es mit den Frauen jedoch nicht, dann hieß es: »Ein alter Esel fraß die ganze von ihm so heißgeliebte Pflanze.« Die Schwiegerväter hielten ebenso des Geldes wegen dazwischen. Im »Kunterbunt« meinte er. »Man sieht, daß es Spektakel gibt, / Wenn man sich durcheinander liebt.« Andererseits schrieb der Hallesche Jurist Professor Christian Thomasius den Pietisten um August Hermann Franke ins Gesangbuch: »Wo Wein fließt, geht nicht alles ästhetisch zu.«

Wilhelm Busch war diese genießerische, sich in die Erotik vortastende Dialektik obendrein nicht fremd. »Da hingegen so ein Laster, / Ja, das macht mir viel Pläsier; / Und ich hab die hübschen Sachen / Lieber vor als hinter mir.« Prüderie war ihm verhaßt: »Da grunzt das Schwein, die Englein sangen.« »Enthaltsamkeit ist das Vergnügen / An Sachen, welche wir nicht kriegen.« Doch die Pietisten sind schlecht gestimmt, weil ihre Kinder Ferkel sind.

Mit seiner drolligen Wollust lockte er aber, außer der Kirche, auch zu seiner Zeit keinen auf das Glatteis schlüpfrig sündigen Begehrens. Dagegen kommt einer bei seinem Ölgemälde »Erynien« von 1875 schon eher ins Schwanken. Trotzdem wußte er: »Lieb – sagt man schön und richtig - / ist ein Ding, was äußerst wichtig.« In der Mohrenträne besänftigte er sich: »Bringe mir vom Allerbesten, / mir das Herz daran zu letzen, / Denn was Lieb an mir verbrochen, / Soll der Wein ersetzen! / Eine Flasche, Donna Clara, / von dem allerbesten Fasse, / Eine trank ich unsrer Liebe, / Zehne trink' ich unserm Hasse.«

»Der Weise, welcher sitzt und denkt / ... Der leert bedenklich seine Flasche«: Shakespeare und die Kritik der reinen Vernunft von Kant weckte seine Neigung, »in den Laubengängen des intimeren Gehirns zu lustwandeln«. Seine Bienenzucht-Ambitionen erwarb er in Lüethorst bei seinem Pfarrer-Onkel, der ihn erzog. Er wollte sie im Bienen-Eldorado Brasilien befriedigen. Es blieb »ein freundlicher Irrtum.« Sein abgebrochenes Maschinenbaustudium (1851) mündete im Besuch der Kunstakademien von Düsseldorf, Antwerpen und München (1854). In Antwerpen genoß er die Bilder jener alten niederländischen Maler. Um 1859 veröffentlichte er zum ersten Mal in den »Fliegenden Blättern« von München. Hier sandte er bis 1873 seine Satiren ein. Auf dem Märchen-Maskenball 1862 in München, den hauptsächlich Busch inszenierte, soll er mit seinem Freund Krempelsetzer, dem Komponisten, hinter der Bühne wacker gezecht haben. War es Bier oder bereits Wein? Auf alle Fälle: »Ein leeres Glas gefällt mir nicht, / Ich will, daß was darinne.« Seit 1878 soll er schon regelmäßig Wein getrunken haben. Als Hausdichter für den Künstlerverein »Jung-München« schrieb er jedoch Trinklieder zum Wohle des Weines: »Der Tropfen viele Tausend ... Bei frohem Becherklang«. »Reicht den Becher in die Runde ... Im Wirtshaus an der Brucken / Saß ich den ganzen Tag. ... Da schenkt man guten Wein ... Und trank dazu des Weins genug, / Bis daß die Glocke zwölfe schlug.« In seinem Bühnenstück für den Verein »Der Vetter auf Besuch« trinkt er mit uns auf seine berauschende Wirkung:

»Der Wein ist ein vortrefflich Ding,
Die Weiber achten's leider zu gering,
Und haben's nicht bedacht.
Er stärket den Mut,
Bewegt das Herz in frischer Glut,

Er stärket den Mut,
bewegt das Herz
bei Tage und Nacht.«

Jedoch »Das Schlüsselloch wird leicht vermißt, / Wenn man es sucht, wo es nicht ist.« Dementsprechend wird in der »Entführung aus dem Serail« der Wächter außer Gefecht gesetzt: »Jetzt ist die Schildwacht / schon betrunken – / Und schau! / Zuleima hat gewunken.«

Doch dort unten in der »Kellerhöhle / Dorten lieget auf dem Stroh / eine Flasche voll Bordeaux.« Bevor Knopps Sohn Kuno die Flasche bringt, er was von diesem »Traubenblut / In sich selbst herüberleitet, / Was ihm viel Genuß bereitet. / Die dadurch entstandene Leere / Füllt er an der Regenröhre.« Als ich in Insterburg-Althof im alten Ordensritterkeller gleiches tat, »Da saust der Stab, dann geht es schwapp! / Sieh da, mein Sohn, Du kriegst was ab!« Doch der Knopp, der sagte nur: »Pfui, mein Sohn, entferne dich.« Insterburg hatte auch den Bären im Wappen. So kaufte ich im Antiquariat den Münchner Bilderbogen »Die wunderbare Bärenjagd«. Wilhelm Busch erlöst dort den Jäger, indem er mit seinem Portwein den angreifenden Bären besoffen macht.

Mit seinen humoristisch-satirischen Bildgeschichten, aus der Beobachtung geschöpft, hielt er seinen Mitbürgern ihre moralisch-sittlichen Gebrechen vor. Er haßte Frömmelei und Heuchelei. Wenn auch für seine Zeit Wilhelm Buschs Schärfe manchen Verleger schockte, wenn sein Humor auch vor die Schranken des Gerichts mit dem Heiligen Antonius geriet und er in dem einen und anderen Land zeitweise verboten wurde, so blieb er doch meist harmlos in seiner Menschlichkeit. Nach eigenem Urteil, »Wein superb«, war er aber ein recht natürlicher und unbefangener Humorist und zwar einer, der das Leben so nahm, wie es ist. Er folgte mit »Dein Wille geschehe« einer sanften christlichen Resignation. »Und schimpfe auf die Welt, mein Sohn, / Nicht gar so laut. / Eh' du geboren, hast du schon / Mit daran gebaut.« Aber als ich im Januar 1950 aus »Väterchen Stalins Pensionen« nach Wendorf zurückkam, las ich erst Wilhelm Busch, um mich wieder häuslich zu fangen. Hans Bölkow, ein Freund seit 1945, schenkte mir aus Dankbarkeit das »Neue Wilhelm Busch Album« aus der »Verlagsanstalt für Literatur und Kunst Hermann Klemm, Berlin/Grunewald, 1. Auflage«. Ich hatte ihn nicht verraten.

Wenn wir Einstein folgen: »Es ist einfacher, radioaktives Plutonium zu entsorgen, als das Böse im Menschen«, »so kommt es denn zuletzt heraus, / Daß ich ein ganz famoses Haus.« Dieses famose Haus lehnte jedoch jegliche Art von »Geldschriftstellerei« und Buckelei vor den Oberen ab. Als Staffage wollte er sich nicht bei den »Großen« vorzeigen lassen. Wie der Wein, so beduselten ihn die Artikel der Kunstkritiker. Man schmunzelt, empfängt ein wenig neckisch inneres Pläsier und wie behaglich »Schnurrdiburr« allens bliewt beim Ôllen. Außer der manchmal auch sehr skurrilen Heiterkeit, bleibt seine volkstümliche Sprache bis heute im Ohr. Manches geflügelte Wort nutzen wir immer noch. Wilhelm Busch wußte, wie das ausgeht: »Alle Worte scharwenzeln um die Wahrheit herum; sie ist keusch.« Die Versuche, aus der Dirne eine Jungfrau zu machen, nehmen kein Ende.

Man könnte ihn zeichnerisch als Vorläufer der heutigen Comics begreifen. Jedoch seine »große Tiefe der Gedanken« wird heute durch die öde, wesenlose Leere der Action ersetzt. Bezeichnend für seine Liebe zum Wein bleiben aber seine »weinhaltigen« Selbstbildnisse. So schaut er uns mit rauschhaftem Weingesicht, das Weinglas süffig in der Hand, in die Augen. In einem um 1870 entstandenen Gemälde ebenfalls mit

Weinglas, zeigt er sich uns hintergründig fragend mit Spott im zugekniffenen Auge: Was haltet ihr vom Wein und meinen Bildgeschichten? Seine Malerei feiert das einfache Leben. Ja, Wilhelm Busch nutzte eigene Jugendstreiche für seine Geschichten. Max und Moritz verkaufte er für 1.700 Goldmark an seinen Verleger. Erst im hohen Alter, zu seinem Fünfundsiebzigsten zahlte der ihm für seine horrenden Gewinne 20.000 Goldmark Ausgleich. Busch spendete das Geld zwei Krankenhäusern. Doch der Verleger Otto Bassermann sandte ihm, was heute im Umkehrverfahren läuft, so manche Kiste Pfälzer Weine.

Der volkstümliche Zeichner von Gut und Böse täuschte jedoch über die unüberbrückbaren Gegensätze der bürgerlich-kapitalistischen Gesellschaft hinweg. Allerdings war ihm die Zentrumspartei suspekter als die Sozialdemokratie. Andererseits las er den »Vorwärts«, mit seiner vom Wein getränkten Nase »dunkelrot und wundervoll.« Doch er war wohl mehr ein National-Liberaler. Im Wesentlichen blieb er der »Humoristische Hausschatz« der Deutschen. Aber unter anderem liegt uns »eins, zwei, drei im Sauseschritt …« immer noch »der bewaffnete Friede« in seinem »Fuchs und der Igel« schwer im Magen. Wem die Badenymphe mit Anteilnahme sanft über den Rücken streicht, der braucht erst gar nicht beschwipst zu sein. Er empfindet ihre zarte Anmut als Segen. Vielleicht vergißt einer sogar, daß er jetzt beim Fitneß-Kult relaxt. Kann sich einer von den Unbedarften die schlimmen Tage auch einfacher verschönen? Wilhelm Busch ahnte da was. Seiner frommen Helene hatte ein »Arzt mit Ernst geraten, / Den Leib in warmen Wein zu baden, / So tut sie's auch.« Nun sang die Menge der Bedürftigen nicht »Madonna Clara ich hab dich nackend gesehen«, sondern »Helene, laß mich dein Weinbad schlürfen«. Bei Busch frohlocken die sonst nur mit Abwasser von den Herrschenden Getränkten: »Oh, wie erfreut ist nun die Schar der armen Leut', / Die, sich recht innerlich zu laben, / Doch auch mal etwas Warmes haben.« Vielleicht erinnert sich einer an die Bibel, in der die Nachlese im Weinberg »dem Armen und dem Fremden überlassen« wird. Wenn du Wein trinkst, denke an den ausgelaugten Winzer und die ausgepreßten Arbeiter im Weinberg der Konzerne.

Wenn Busch all' die Flaschen getrunken hat, die er in seinen Bildgeschichten zeichnete, ich zählte sie nicht, dann kann er wohl zufrieden sein. Im Alter meinte er: »Doch das ist leider nun vorbei«, als wir »den Maiwein in die Gläser gossen« und im Winter uns der Punsch noch wärmte. »Der Mensch, der hier im Schlummer liegt, / hat seinen Punsch nicht ausgekriegt.« Trotzdem »sei es ja ganz nett, so'n bissel duhn ins Bett zu gehen.« – »Da kommt er endlich angestoppelt. / Die Möbel haben sich verdoppelt.« Und er schrieb: »Alle vierzehn Tage leere ich mein Fläschchen … Aber laut darüber zu singen mag ich nicht.« Hingegen lesen wir in »Die Haarbeutel«, in der auf dem Titeletikett ein trunkener Silen auf seinem Esel dahin torkelt: »Läßt (er) sich ein Dutzend Austern bringen, / Ißt sie, entleert die zweite Flasche …« Nun aber werde ich stutzig, wenn er für eine Abiturientenfeier schrieb. »Wohl ehedem, da trank des Weines / auch ich ein Teil, und zwar kein kleines / … Und wahrlich, Wenn man fünfundfunfzig, / … Hör, Alter! Das bekömmt dir nicht!« Immerhin für einen Stammtisch legt er fünf Jahre dazu: »Ehedem, getreu und fleißig, / Tat er manchen tiefen Zug. / Erst nachdem er zweimal dreißig / Sprach er: Jetzo sei's genug!« In meinem 80sten Lebensjahr war ich bei meinem Sohn Andre auf dem Winzerhof in Naumburg hintereinander an zwei Weinabenden mit anderen recht betüdert. Wir vertranken den ersten Teil meines Weinarchivs. Danach sagte ich meinem Arzt Dr. habil.

Wolfgang Schmidt, der mir eigentlich das Weintrinken verboten hatte: So eine gute Therapie hatt' ich in letzter Zeit noch nie! Man darf wohl doch inzwischen auch im höh'ren Alter etwas mehr vom Saale-Unstrut-Wein daruntermischen. Und ganz besonders »Rotwein ist für alte Knaben eine von den besten Gaben.«

Wenn der »Meister der Bilderzählung« uns meist bitteren Humor ins Glas kippte, meine Mutter, die Postmeistertochter aus Ostpreußen, wußte, daß neben Humor auch Folgendes hilft: Einmal im Jahr zwei Bienenstiche, einmal nackend in die Brennessel sowie in einen Ameisenhaufen legen, dann bleibst du gesund. Da ergänzte mein Vater im Sinne von Busch: Einmal deinen Körper völlig mit Alkohol desinfizieren, dies ist die beste Medizin. Also »Dorten lieget auf dem Stroh / eine Flasche Bordeaux. / Diese Flasche sag ich dir, / Zieh herfür und bring sie mir. / … Betrunken sei er; / Selber kam's ihm nicht so vor.«

Jedoch, da wurde vor 1200 Jahren schon im alten China geklagt: »Jetzt, wo ich vor ihren Schenkelblüten saufe / und von verschiedenen Bechern / mir das wonnevolle Herz besoffen wird, / dann befällt mich plötzliche Sorge, / daß ihre Blüten sprächen: / Wir gehen nicht auf für einen alten Mann.« Karel Capek verpackte das Rezept auf seine Art: »Humor ist das Salz der Erde, und wer gut durchsalzen ist, bleibt lange frisch.«

Doch selbst im Rausche wahrte Busch Anstand. Wer weiß, daß sich gerade hier Charakter zeigt, der trinke sein Glas auf Wilhelm Busch.

Zum Wohle Wilhelm Busch!

»Die Sonne unseres Lebens sind die Stunden, die wir lieben.«

Lovis Corinth

Lovis Corinth

(Franz Heinrich Louis, 1858-1925)

»Der Wein, ja das Trunkensein war für ihn nicht Ver-
gnügungssucht; er machte diesem schweren Menschen
das Tor zum Leben auf. ... Und außerdem belebte der
Wein seine malerischen Ideen.« Diese beiden Sätze
seiner Frau Charlotte Berend-Corinth sagen eigentlich alles über sein Verhältnis zum Wein. Malen und
Weintrinken gehörten bei ihm zusammen. Viele von
seinen Selbstbildnissen, so an die 50, lassen ahnen,
wieviel Gläser er für seine »malerischen Ideen« benötigte. Wie der Hallesche Künstler **Karl-Erich Müller**
(1917-1998), der liebend gern seinen Rotspon trank
und zum Jahreswechsel immer ein Selbstbildnis mit
Rückschau aufs Vergangene und erwartendem Blick
aufs Kommende malte, so porträtierte sich Corinth
jedes Mal ab 1900 zu seinem Geburtstag. So manches
der Bilder offenbaren das eindringliche, fast bissige
Verhältnis des Künstlers zum Wein. Mit diesen seinen
Bildern schaut er uns nicht bloß herrisch, sondern
ebenso verzweifelnd fragend, schwer melancholisch
glubschend und auch lüstern in die Augen. Dieser Blick
hing jedoch nicht nur mit seiner Hingabe an Charlotte
zusammen. Man mag mir verzeihen, jedoch er scheint
sich »naturgetreu« wiedergegeben zu haben. »Dem
stillen Suff habe ich mich des öfteren ergeben ...« Aus
seinen Photos kann man das ausschweifende Leben
ablesen. Sein Antlitz wirkt nach und nach süffig auf-
geschwemmt und die Augenlichter ziehen uns trübe
triefend in den Bann. Oft verwirrt uns die dumpfe
verzweifelnde Hoffnungslosigkeit seines Aussehens.
Der Tod im Bild macht nicht nur ihn, sondern ebenso
uns betroffen. Ja, manches Mal siehst du seinen Kopf
bereits als Totenschädel. Doch seine Bilder spiegeln,
wie bei Karl-Erich Müller, den Stand seiner Malerei, die

Nuancen seines körperlichen und seelischen Zustandes und sein Verhältnis zur Welt wider. Gott sei Dank kann man Corinth kunstgeschichtlich kaum einordnen. »Ein rechtes Kunstwerk ist ein Spiegel des Lebens, die Technik ist ihm nur Mittel zum Zweck«.

Mein ostpreußischer Landsmann, der Wildwuchs aus Tapiau, hatte wohl, wie er schrieb, einiges von unseren Trinkgewohnheiten im Blut: »Kein Student und kein Soldat konnte in den Augen seiner Mitmenschen für tüchtig gelten, wenn er nicht auch ein berüchtigter Trinker war. Diese Trunksucht wurde bald von uns zu großer Meisterschaft gebracht.« Natürlich, ein Ostpreuße, der nicht trinkt, wäre sowieso eine Ausnahme gewesen. Seine Kähne am Pregel, um 1872 als Schüler getuscht, erinnern mich an meine Jugend auf den Pregelwiesen. Seine Tante schrieb: »Wenn der Jung' man ein Stück Brot hat und zeichnen kann, weiter will er nuscht«. Den »sitzenden Bauern mit den bäuerlichen Händen« (Studien 1877) und die idyllische »Landschaft mit Heuernte« (1878) habe ich noch selbst erlebt. Seine Jugend in der freien Natur erlebte ich ähnlich. 1910 malte er Christus am Kreuz für den Tapiauer Golgatha-Altar. Er war auch einer der ersten prominenten Künstler, der in der Künstler-Kolonie in Nidden, einer »Brücke-Filiale«, weilte. 1893 gibt sein »Kirchhof von Nidden« die gleiche Stimmung wieder, die wir dort ein Jahrhundert später empfanden. Zu DDR-Zeiten und auch später taten wir einiges für das Thomas-Mann-Haus in Nidden, das in der Nazi-Zeit Hermann Göring beschlagnahmte. Mit Maja Ehlermann-Mollenhauer, der Tochter des letzten Inhabers des Künstlerheims, sorgten wir mit Dr. Sehrt 1998 in Halle für eine Ausstellung ihres Vaters Ernst Mollenhauer (1892-1963), der ebenfalls in Tapiau geboren wurde. Es war wenige Monate nach der Gründung der Münchner Secession, als Mollenhauers malerisches Talent von Corinth entdeckt wurde. Die Werke beider galten den Nazis als entartet und wurden 1937 zu erheblichen Teilen beschlagnahmt. Ernst Mollenhauer heiratete 1920 Hedwig, die Tochter von Hermann Blode, des Begründers des Künstlergasthofes. Der Maler Pechstein hatte zuvor auf der turbulenten Verlobungsfeier mit schäumendem Pokal die Festrede gehalten. Welches Glück, 1921 verleiht die Albertus-Universität in Königsberg Corinth die Ehrendoktorwürde. Aber wie tragisch, viele Kunstkritiker zerrten den derben Weinfreund lediglich ins psychologische Abseits. Bei denen erlahmt er zum pathologisch Leidenden und ungezügelten Maler mit »merkwürdigen Entgleisungen«. Der bodenständige und genießerische Corinth bleibt unerwähnt. Er trank bestimmt nicht nur aus ostpreußischer Verwurzelung und um seiner Mutlosigkeit »Herr zu werden«. So manche seiner Bilder laden geradezu zum Mittrinken ein. 1883 malte er seinen Vater Franz Heinrich mit Weinglas, den Ackerbürger und Gerber, der ihn liebend unterstützte und »sein höchstes Streben (darin sah), seinen Jungen in die beste Schule zu bringen«.

Ob nun der aufbegehrende Rufer oder der geharnischte kraftmeierische Wächter als ritterlicher deutschnationaler Kämpfer, man achte auf die Trinkernase, immer schaut uns auch der Weingenießer an. Einmal kommt er mit der Pose daher: Keiner kann mir den Wein reichen. Das andere Mal schmiegt er sich voll tiefer Schwermut, Halt suchend mit einem Rotweinglas, an seine jugendliche Charlotte (1902). Vielleicht fühlte sich Corinth nach einem seiner rauschhaften Gemälde einsamer als je zuvor. Die kleine Brust, die man nicht hat, aber die er bei Charlotte fand, die nimmt er sehnsüchtig zur Hand. Ihre aufgerichtete rosa Beere blüht auch für uns. Charlotte aber lächelt uns unmißverständlich von sich eingenommen und herausfordernd an. Sie weiß, wie man so einen vollblütigen Mann

 112

besänftigt. Sie zügelt, innerlich lächelnd, den zum Stoßen bereiten Stier mit ihrer bezaubernden Gestalt und einem einfachen roten Band im Nasenring (1902). Unsereiner erfuhr, daß dies nur mit einer Leitstange im Nasenring klappt. Da kommt nun, Demut spielend, der sich selbst karikierende Schalk daher. Überhaupt sollen ihn die Frauen etwas zurecht geschliffen haben.

Vom Rhein schrieb Corinth 1907 an seine Frau, daß er in richtiger »Lindenwirtin«-Stimmung den Rheinwein und ganz besonders den Hochheimer genoß. »Und vor sich hat man den Wein und was für einen.« In den Weinkneipen der Potsdamer und der Friedrichstraße trank sich »hastig saufend ... der alte Kerl« oft mit dem trinkfesten Harzer Spottvogel Otto Erich Hartleben und nicht nur am »Rosenmontag« ins Blaue.

Als Münchener und bürgerlich liberaler Freimaurer schloß er sich der 1892 gegründeten Münchener »Secession« an. Er hatte das Gefühl, »in dieser Clique weiterkommen zu können«. Eine gewisse Bauernschläue half ihm manchmal weiter. Was sich hinter seinen eindrucksvollen Logenbrüdern (1898/99) mit ihren Gesichtern verbirgt, kannst du nur ahnen, jedoch an Wein fehlt es ihnen nicht. Ja, du erkennst sogar den Medoc. Schon bald trennte er sich von den »Schafsköpfen« und gründete die »Freie Vereinigung«. Dann sorgte der Machtantritt von Katholiken für unermeßlichen Druck auf die Avantgarde der Münchener Künstler. Viele Bilder von Corinth waren gegen diese katholische Moralkampagne gerichtet. Seine Nackten forderten die Klerikalen im Ornat heraus. Corinth machte ihnen sogar mit Obszönem die Hölle heiß. Wenn in einer Farbskizze der Teufel sich einen Engel vornimmt und zu beiden Seiten Venusgrotte und Amorstab im Heiligenschein die »unsittliche« Szene umrahmen, dann weißt du, an welche Moralprediger er seinen deftigen Spott richtete.

Mit der zweiten »Salome« gelang ihm der Sprung nach Berlin. Die erste hatte in München die stickigen Banausen verstört. 1911 wurde er sogar nach Liebermanns Rücktritt der Vorsitzende der Berliner Secession. Walter Trier zeichnete in den »Lustigen Blättern« (XVI, 1911, Heft 20) den neuen Präsidenten nicht nur mit Malutensilien, sondern mit einem riesigen Pokal. Der hemdsärmlige Salonlöwe, in »Frack« und »Lackschuh« tanzend, schockierte nun gern als wilder Pruzze wie ein Berserker sein »feinsinniges« Publikum. Er fegte als sturzbetrunkener »bärenhafter Dionysos« die Tanzfläche leer und wappnete sich mit zwei Karaffen beim Souper darauf. Er aquarellierte sich im Suff und malte sein »Katerfrühstück« (1913). Nachdem er uns ins blutüberströmende Schlachthaus führte, kam lüsternes Fleisch, als »Weiberfleisch und Schweinefleisch«, von Frauen der gehobenen Gesellschaft auf die Leinwand. Der grobschlächtige »Bürgerschreck« schockte sie alle mit dem Weinglas in der Hand. Vielleicht wollte Lovis Corinth nur seinem im Osten wurzelnden beschwerlichen, philosophischen Hintersinn mit der »Sehnsucht nach den leichten, feinen Seiten des Lebens« entkommen. Er porträtierte auch 1902 den »genialen Vagabunden« Peter Hille, den er über seinen Freund Leistikow kennenlernte. Doch vergeblich suchst du hier die Flasche Wein. Obwohl Corinth auch Stilleben malte, alle seine Bilder leben. Er mochte wohl nicht das Formalästhetisierende. Der Tod, der oft sprühendes Leben beäugt, mahnt uns, die Vergänglichkeit nicht zu vergessen. Bei seinen Bildern spürst du, er dachte sich was dabei. Heute lehnen das viele ganz und gar ab. Hausenstein schrieb dazu: »Es ist recht, bei den Sachen anzufangen, nicht bei der Form.« Obwohl Corinth kaum etwas verschleierte, mußt auch du nachdenken, um das Verborgene zu entdecken. Gerade nach seinem Schlaganfall näherte er sich dem Unwirklichen. Er suchte im Wirklichen das nicht Faßbare. Vor allem gefällt mir, daß er versuchte, sich vorzustellen, wie es wirklich zugegangen sein könnte.

Nun aber erst der halbnackte, aufbrüllende, lüsterne Bacchant (1908), der uns vollberauscht in die sinnenprächtige, maßlose Taumelei hineinzieht. Sein Pinsel scheint sich ins gleißende Fleisch der Bacchantin zu graben. Sie beglückt ihn fröhlich lachend. Fleischlich lob ich mir die Lust. Unterdessen tauchen wir in die ausgelassene Farbenpracht mit ein! Wer möchte da nicht im Trubel der Bacchantinnen (1896) seine Begierde sündhaft anfachen? Die Gier nach Wollust erfaßt dich. Du willst dabei sein. Sicher erregten die Münchener Bacchanalien bei Franz Stuck und Karl Wolfskehl auch Corinths malerische Lust. Uns erregen ebenso die zahllosen zeichnerischen Vorstudien. Corinth folgte vielen Empfehlungen, sich im Zeichnerischen zu bilden. Er schrieb: »Die Arbeit reizte mich schließlich so sehr, daß ich die eklige Farbenschmiererei satt bekam ...« Wir freuten uns, als wir die bibliophile Ausgabe »Von Corinth und über Corinth« von ihm und Wilhelm Hausenstein, 1921 im Seemann Verlag erschienen, antiquarisch erstanden. Für Aquarelle, aquarellierte Radierungen und Zeichnungen wurde ein Papier gewählt und eine Abbildungstechnik angewandt, die Corinths Arbeiten gerecht werden. Bereits das Titelbild »Bei den Corinthern« (1920) – ihr sauft ja wie die Bürstenbinder – und die Vignetten, in denen ein lüsterner Satyr eine aufjauchzende Nymphe aufs Lager schleppt, wirken wie ein Original. Der Schüttelfrost vom gegenwärtigen Hochglanzpapier wandelt sich in Wärme. Mit der Kaltnadelradierung »Die Weiber von Weinsberg« (1894), die ihre Männer auf dem Rücken aus der berühmten Weinstadt tragen, griff Corinth eine mittelalterliche Legende auf. »Das Hohelied« (1911) besteht aus Farblithographien, mit denen die Schönheit der Frau vor allem mit dem Wein verglichen wurde.

Doch der triebhafte Stier gerät wieder auf die Leinwand. Lovis Corinth läßt sich mit seiner »Ariadne auf Naxos« (1913) die Hochzeit nicht entgehen. Allerdings wendete er respektlos die Verhältnisse. Wie so oft wirbelte er an den mythologischen (einschließlich den christlichen), den historischen und den literarischen Themen mit seiner Trinkernase. Er setzte gegen das geschichtliche Pathos der Gymnasialprofessoren seine malerwitzige Lebenserfahrung. Das Erhabene verspottete er. Der Direktor der Bremer Kunsthalle, Gustav Pauli, meinte, bei Corinth kommen die Olympier als »Fräulein Müller« und »Herr Schulz« daher. Also, Herr Schulz, oder wie ihr wollt, Theseus liegt noch bei Ariadne. Er bietet ihr seinen nackten Schenkel als Ruhestätte. Doch diese erwartet, bereits in sehnsuchtsvollem Schlummer, hingebungsvoll die Liebeszufahrtsstraße einsichtig geöffnet, Dionysos. Theseus ahnt ihre Hingabe an den Gott. Zornig droht er diesem mit geballter Faust. Dem jugendlichen Gott jedoch ist der Aufbegehrende keines Blickes wert. In Siegerpose nimmt der kindliche Panther- und Tigerführer, wie immer genüßlich auf der Lauer, mokant wertend Blick die bereitwillig Hingestreckte schon mal liebeslüstern in Augenschein. Eine lustvolle Mänade trommelt längst orgiastisch den Takt zum kommenden Akt. Viel mehr gibt das theatralische Ölgemälde nicht her. Doch uns reicht der farbenprächtige Poltertag auf Naxos.

Corinth verstand Erotik noch als das Geistvolle, das schwer zu bewältigen ist. Er hob aus der Natur das uns innewohnende Sinnliche heraus. So wurde Malerei zu Lebenskraft. Wir sahen »Die Jugend des Zeus« (1905) in der Bremer Kunsthalle. Statt mit Ziegenmilch päppelt die Nymphe Amaltheias den kindlichen Zeus mit Weintrauben auf. Doch Zeus hält nichts davon.

Corinths schlafender Sohn Thomas gilt schon mal als Anreger für dieses Gemälde. In der Kunsthalle reifte der Gedanke, von einem dieser rauschhaften bacchantischen Gemälde mit ihrer »hemmungslosen Fröhlichkeit« für unsere Sammlung »Kunst und Wein« eine Kopie malen zu lassen. Als nun die von sündhaften Orgien weinselig »Heimkehrenden Bacchanten« (1898) ein Kopist nachschaffen sollte, strich der nicht die Leinwand, sondern die Segel. Corinths einmalig wuchtiger, ja großzügig eindrucksvoller Pinselstrich war unwiederholbar. Wir tauschten aber bei Peter Röske in der »Galerie der Berliner Graphikpresse« gegen ein anderes Werk unserer Sammlung Corinths Kaltnadel »Pan umarmt Hirtin« (1923) ein. Sie war wohl recht spät von der Platte gezogen, du aber erlebst abermals mit »Homerischem Gelächter« (1909) den süchtigen Griff nach dem Brüstchen. Liegt da nicht wieder ein ostpreußisches Marjellchen als Venus? Dich erfaßt Wollustgier. Wer würde sich nicht, wie der heilige Antonius (1897) versuchen lassen? Auf der Radierung von 1894 schleppte sogar Satan höchstpersönlich eine der hüllenlosen Schönen heran.

Seine Malerei zwischen den Verlockungen von Weib und Wein preist ein saftiges Leben voll strotzender Kraft. Kaltes Eisen von Rüstungen und das Schwarz von Haremsdienern lassen schillerndes und immer wieder üppiges Fleisch erst so recht in volleibiger Schönheit glänzen. Alfred Lichtwark sprach, wenn auch ein wenig storniert, beim Anblick der Bathseba (1908) von »nicht undelikatem« Fleisch. Oh, Susanna, wie ist dein Leib so schön. Lovis Corinth sproßen die Susannen sogar viermal aus dem Pinsel. Ist die Königsberger Susanna, 1890 gemalt, vielleicht wieder ein gar nicht so keusches ostpreußisches, lebensfröhliches Marjellchen? Gilt dies womöglich auch für die überaus schön Gerundete, die gerade aus dem Badebottich bei

»Die Hexen« (1897) steigt? Ich mag diese Hexen! Sie besitzen auch solche vollen Münder und fürs Handgemachte die wohlgeformten Hände. Bei Charlotte leuchtet (1908), wie beim »Petermänchen« (1902), obendrein der erotisch wohlgeformte Handballen. Schau dazu, wie sie das Weinglas faßt. Sie alle entfalten große erotische Anziehungskraft. Wenn es euch ebenso berührt und sich die Erregung noch verkraften läßt, dann nehmt sie in den Arm und bläht die Nüstern. Meinst du, sie überfordern dich, dann kannst du ja allerdings endlich mal ausschlafen. Es könnte auch sein, daß Corinth diese drallen arglosen Marjellchen, wie im »Paradies« (1911/12), nicht vergessen konnte. Wir begegnen ihnen, den unbeschwert fröhlichen, oft auf seinen Werken.

Mit seinen blühenden erotischen Akten und dem vielen faßbaren Fleisch, auch auf seinen Zeichnungen, untergräbt er die bleichsüchtigen, kleinbürgerlichen Idealismen. Auf jeden Fall schätze ich die greifbaren drallen Frauenakte (»Nana« 1911) mehr als die abgemagerten diäterkrankten Models mit den entfleischten Hohlräumen zwischen den abgezehrten Schenkeln: Lieber sich im Fleisch vergraben, als an Knochen nagen. Während Grosz vor Corinths Bildern geringschätzig pinkelte, wurden beide wegen unsittlicher Malweise vor Gericht geladen.

Corinth wendete sich den Großen der Weltgeschichte zu, wie Saul und David, Martin Luther, Wallenstein, Wilhelm Tell und Götz von Berlichingen (1917). Bei Letzterem führt er uns mit »Adelheid bei den Zigeunern« vor, wie sich mit einer Radierung durch einfaches schwarz/weiß eine unheimlich betörende Stimmung aufs Bild bannen läßt. Der ruhmreiche »Fridericus Rex« (1922) war ihm wohl als Opposition zur Weimarer Republik gedacht. Wobei ihm Fridericus schon verschwimmt, wie seine heroische Haltung nach dem ersten Weltkrieg und dem »Reichsverfall« verbleicht. Der »Alte Mann in Ritterrüstung« könnte 1915 bereits seinen Zweifel andeuten. Er findet sich nicht mehr zurecht. Wie ihn der Schlaganfall 1911 an seiner Lebenskraft zweifeln ließ, so verunsicherte ihn nun die Novemberrevolution. Er verliert den Boden, auf dem er sich einst einrichtete. »Es bleibt nichts von den früheren Anschauungen«. Seine parodistische Haltung zu den früheren Themen schwindet. Die Ritterrüstung liegt wie altes Eisen am Boden herum (1918 u. 1919). Obwohl er Liebknecht zweimal ins Bild brachte, die vollen Weingläser reichten nicht, weder das »heilige Kaiserreich« noch die Weimarer Republik gesellschaftskritisch zu durchschauen. Er vermutete sogar, daß sich unter der Herrschaft des Finanz- und industriellen Großkapitals »sozialistische Demokratie« breit macht.

Schließlich wird aus dem lebensprallen Kraftmenschen ein »zerborstner Kranker«. Er trinkt nicht mehr. Tief traurig fragt der halbseitig Gelähmte Freunde: Gehen sie noch in die Kneipe? Er selbst meint, das Zittern der rechten Hand sei auch »durch frühere Exzesse von Alkohol hervorgerufen.« Vielleicht raubte ihm ebenfalls die besessene Hingabe an jedes seiner Werke einen Teil seiner Lebenskraft. So spiegelt sich auch seine Stimmung in den Bildern wider. Doch wenn der Pinsel die Leinwand berührt, dann ist die Sicherheit wieder da. Die Porträtmalerei gewinnt nicht nur an Boden, diese »Bonbons« bringen auch Aufträge. Mehrfach gemalte Porträts und Selbstbildnisse offenbaren sehr verschiedene Charakterzüge.

Seine Urnatur besang Benno Becker einst im »Allotria«-Monolog: »Mich plagen keine Skrupel noch Zweifel, / fürchte mich weder vor Schnaps noch Teufel … / Wo pack' ich dich, du kräftestrotzend Weib, / Euch Brüste, wo? Ihr Sterne meines Lebens / nach denen meine Wollust drängt / dahin sich Brust und Beutel drängt – / Schon glänze ich von neuem Wein. / … Du hast mich mächtig angezogen, / An meiner Flasche lang' gezogen!« Jetzt aber fragt Corinth: »Und nun?« Der alternde Künstler zieht sich ins Sommerhaus nach Urfeld am Walchensee zurück. Seine Frau Charlotte hatte das von ihm erwünschte friedfertige Domizil, herbeigezaubert. Nun malte er mit fast »entfesseltem Pinsel« Landschaften in schwermütiger Stille. Ihm wurde alles flüchtiger. Doch auch in seinem Altersstil läßt er nicht von seiner Farbigkeit. Durch ungewöhnliche Farbenpracht vermied er bereits früher blanken Naturalismus. »Alles ist Farbe«. Jetzt wird der Farbenrausch, wie eben auch in seinen Blumenbildern, noch geheimnisvoller. Der Schimmer löst sich vom Erdigen. Er wird besinnlich, duftiger. Oft begrenzt er die Farbenkreise und die Umrisse lösen sich auf. Eben diese Bilder stiller Schönheit bewegen das Herz und sie bringen Geld. Er erlebt noch einmal die Annehmlichkeiten einfachen Lebens. Seine Kinder werden ihm zum belebenden, natürlichen Herzschrittmacher.

Corinth wollte es den alten Meistern gleichtun, anerkannt sein in seiner Auffassung sowie Art der bildenden Kunst und mit seinem Werk Geld verdienen. Er konnte es! Doch mit »Flora«, einer zweiten »Versuchung des Heiligen Antonius« (1908), der letzten Fassung von »Susanna und die beiden Alten« (1923), 1924 mit Charlotte als »Carmencita« – das letzte von an die 90 Abbildern von ihr – und 1925 mit »Die schöne Frau Imperia« bäumt er sich in malerischer Erotik noch einmal auf. »Ecco Homo« (1925), da endet der Handelnde als Behandelter. Der Töpfer wird zum Topf. Jeder der zwei, die ihn abführen, handelt als Befehlsempfänger der Herrschenden. Der eine noch unsicher zweifelnd, überlegend und der andere wie auf Kommando in barbarischem kriegerischen Stumpfsinn. Der letztere funktioniert in jedem menschenverachtenden System. Der Zweifelnde zweifelt am Zweifel. Die verinnerlichte Größe bleibt ihm, dem gefesselten Dornenkönig.

Seine saftig fette Malweise war, wie es einem Ostpreußen gebührt, vital. Mondäne Affigkeit blieb ihm fremd. In seiner Kunst fiel das Gegenwärtige meist betont farbig ins Auge. Corinth könnte als Wegbereiter einer lebendigen Kunst gelten. Ich mag den Begriff modern nicht. Er ist zu unbestimmt. Ein Aspirant von mir, Dr. Bernd Prüfer, meinte: Was heute modern ist, wäre morgen unmodern. Das zog sich bereits Jahrtausende in die Länge. Gesellschaftliche Verhältnisse bleiben außen vor.

Das überfließende Glas beschleunigte die Erschöpfung des Künstlers, jedoch sein Auge trank immer mit. Ich sehe zu gern, wenn nicht im Dunklen Wein getrunken wird. Diejenigen, die überhaupt keinen Wein trinken, denen fehlt wohl etwas der Wind in den Segeln. Auf sie kommt weniger zu. Bacchus war Corinth ein nützlicher Gott.

Augenfreude und Weinvergnügen, Lebensfülle und ihre Endlichkeit, – darauf trinken wir mit Lovis Corinth.

Gerhart Hauptmann
(1862-1946)

Gerhart Hauptmann wurde von Corinth porträtiert.
Er versetzte die Welt mit seinen »Webern« in Aufruhr.
Er trank auch die Stadtväter eines rheinischen Städt-
chens, die ihm eigentlich Bescheid geben wollten,
restlos unter den Tisch. Das Pralle war für ihn das
Erwünschte. So läßt er den fränkischen Ritter Flori-
an Geyer, der sich auf die Seite der Taubern-Bauern
schlug und der 1525 ermordet wurde, lebensbejahend
vor seinen Bauern das Glas erhebend rufen: »Lustig,
Brüder! Warum sollen wir nit lustig sein …? Es wird
mir leicht ums Herz!« Bei aufrecht Stehenden krampfen
sich die Herzkranzgefäße am ehesten zusammen. »Du
kannst das Leben nicht anders durchlaufen, als durch
saufen« (Fischart). Nun kündigte sich bei Hauptmann
durch die Spontanität seiner »Aufständigen« schon
seine eigene Labilität an.

Hauptmanns ausgeruhte, aber auch ausgehungerte
Mönche stiegen aus karsten Gebirgsklöstern Italiens
auf saftige Wiesen hinab. Unter ihren Kutten schepper-
ten die Flaschen. Sie feierten ausgelassene, fröhliche
saturnalische wie dionysische Feste. Saturnus und
Dionysos hoben die Standesunterschiede auf. 1909
las er sogar in Halles »Literarischer Gesellschaft« bei
Grüns in den Weinstuben. Hauptmann trank beson-
ders gern den Blauen Spätburgunder »Rüdesheimer
Berg Schloßberg« von einer Nachbarlage in Grüns
»Winkel«. Vielleicht waren es gerade diese Weine,
weshalb es Hauptmann zu Grün nach Halle zog.
Professor Rüdiger Bernhardt, einst Vorsitzender der
Gerhart- Hauptmann-Gesellschaft, war mir behilflich.
Ich bekam von ihm aus dem Hauptmann-Haus auf
Hiddensee den Sonderdruck »Haus Seedorn«. Hier ging
es auch um Hauptmanns Weine. Unter denen, die er

Gerhart Hauptmann

1944 das letzte Mal bestellte, waren auch die vom Ihringer Winklerberg. Diese Weine und weitere von ihm gern getrunkene werden noch heute im ehemaligen Weinkeller von Gerhart Hauptmann geführt. Das Haus in Kloster auf Hiddensee ist seit 1994 Gedenkstätte. Reisen Sie nach Hiddensee, trinken Sie seine Lieblingsweine und leicht berauscht »leise wogend raunt(en): … In meines Hauses stillem Raum / herrscht der Traum.«

Dem Dichter und übersättigten Gourmet setzte **Thomas Mann** (1875-1955) mit Mynheer Peeperkorn, jenem lukullischen, allerdings bereits etwas ausgehöhlten, aber genialen Genießer, in seinem »Zauberberg« ein literarisches Denkmal. Der robuste Genießer kostet die Welt aus und meint, obwohl er gar nicht mehr so recht auf dem Damm ist: »… man müsse essen, ordentlich essen … damit man den Anforderungen gerecht werden könne … der Wein also, ein göttliches Geschenk an die Menschen.« Ein Mann ohne Bauch ist wie ein Himmel ohne Sterne. Hauptmann bedachte »die wichtigste Schlankheitsregel: Alles Gute ist schlecht.« Doch Hauptmanns »weißem königlichen Haupt« schmeckte die ironische Speise Thomas Manns gar nicht. Der »unverbesserliche Weintrinker« vermerkte zu der entsprechenden Stelle im Zauberberg: »Und diesem idiotischen Schwein soll ich gleichen.« Thomas Mann aber schüttelte es »… wenn mir nach all dem kalten Wein, den ich nur seinetwegen trank, der heiße Kaffee gar so wohl tat.« Als Thomas Mann 1924 auf Hiddensee weilte, bekam er zu spüren, daß er gegenüber Hauptmann, dem »Herzog im und zum Dornbusch«, dem gediegenen König von Hiddensee, im Meeresdunst der »Insel der großen Mutter« entschwand. Die Manns reisten nach Usedom ab. Dafür verschaffte uns aber der in seinen jungen Jahren sozial eingestellte Hauptmann im 1. Akt seines fröhlichen Schauspiels »Die Jungfern vom

Bischofsberg« einen Durchblick auf Naumburg. Allerdings lag die Bischofsvilla nicht an den Saale-Hängen, wie es Regionalpatrioten vermuteten. Wir finden sie in Hohenhaus/Zitzescheweg bei Dresden. Dort glühten die drei Hauptmannbrüder im Schmelzfeuer reicher Lieben zu den Töchtern Thienemann. Sie waren eine gute Partie und die Familie stammte mit Saale-Blick aus Naumburg und Umgebung. Entsprechend dieses Flächenbrandes von 1881 bis 1884 geht die Rede, daß Gerhart Hauptmann das Stück im Nachgang der überreichen Hochzeiten so um 1904/06 den Jungfern zuliebe schrieb. Naumburg wurde mit der Aufführung 1928 anläßlich seiner 900-Jahrfeier bedacht.

Elisabeth Jungmann (1897-1955), Halbjüdin und von 1922-1933 Sekretärin von Gerhart Hauptmann, wurde von **Rudolf Georg Binding** (1867-1938) gerettet. Er heiratete sie. Dem ansonsten weinliebenden, jedoch chauvinistischen Mann verdanken wir nicht nur die »Reitvorschrift für eine Geliebte«, sondern ebenso die »Moselfahrt aus Liebeskummer«. Hauptmann aber wurde sein gehobener Lebensstil, zu dem nicht geringe Mengen Wein gehörten, zum Verhängnis. Er kam kaum ohne vollen Schlund und Bauch aus. In diesem Delirium wurde er wurmstichig und avancierte zum Zuhälter der Nazis. Auch Alfred Kerr kritisierte Hauptmann, weil er zur Nazidiktatur schwieg. Mit Rüdiger Bernhardts »... geschehen ist der Götter Ratschluß« erscheint in faschistischer »Finsternis« der »Kompromissler« Hauptmann mit seinem »Nu ja ja! Nu nee nee!« Auf einer Gedenkveranstaltung zum »Heldentod« des Zuhälters Horst Wessel überraschte Hauptmann die Welt, die ihm einst zu Füßen lag, mit dem Hitlergruß. Er hat dem seiner Lebensweise geschuldeten Geldbedarf nachgegeben. Geld brachte ihn zur Strecke. Hätte er verzichtet, hätte er gewonnen. Er zog den Wohlstand vor. »Warnen möchte ich vor jenen Menschen, / die für ihre schlimmen Taten / die volle Schuld dem Weine geben.«

Mit 75 Jahren bekannte Hauptmann in »Abenteuer meiner Jugend«, daß er sie nicht versteht. Schon früh mit »Hannes Himmelfahrt« (1894) floh der demokratische Humanist mit neuromantischen Tendenzen die Wirklichkeit. Als ihn Romain Rolland nach Ausbruch des I. Weltkrieges bat, die barbarische deutsche Kriegsführung zu verurteilen, lehnte er ab. Obwohl er die morsche Gesellschaft, verkommene bürgerliche Familien und niederschmetternde Schicksale mit oft schonungslosen antikapitalistischen Tendenzen aufs Korn nahm, er blieb politisch labil. Alle die zerbrochenen Gläser, die gedemütigten Frauen und die vom Kapital Erschlagenen berührten ihn. Doch seine Konsequenz blieb kippelig. Es hat den Anschein, als ob Hauptmann nicht an eine menschliche Perspektive unserer Gesellschaft glaubte. Wenn aber nichts mehr geht, dann wollte der vereinsamte Völler wenigstens seinen Rheinwein trinken. Um sein Ansehen, sein Geld und den Wein zu erhalten, gab er dem Anpassungsdruck nach. Das »Lehnstuhlbehagen« raffte ihn dahin.

Paul Claudel

Paul Luis-Charles Claudel
(1868-1955)

Der studierte Jurist wendete sich als katholischer Christ
der Lyrik und der Dramatik zu. Er glaubte an »göttliche Attribute« des Dichters. Für den französischen
symbolistischen Dichter und Diplomaten ist der Wein
überhaupt »der Lehrmeister des guten Geschmacks
und da er zu einer inneren Aufmerksamkeit erzieht, ist
er der Befreier des Geistes und der Erleuchter des Ver-
standes«. Wenn er auch die Kraft des Herzens erahnte,
diese, seine Seelenstärke, suchte in Glaubensschwär-
merei ihr Heil. Der Mystiker Claudel wußte, daß »die
Wahrheit nichts mit der Anzahl der Leute, die von ihr
überzeugt sind, zu tun hat.« Mit Bitternis erfuhr er aber
auch, wie unser Geist wohl mit eisernen Faßreifen ge-
bändigt wird, aber ebenso, wie er sie aufsprengt: »Nun
endlich ist der Wein Symbol und Mittel einer sozialen
Verbrüderung: Zwischen den Gästen wird der Tisch
beim Wein zu einer Plattform der Gemeinschaft und
das Glas, das die Runde macht, erfüllt uns mit Nachsicht und Sympathie für den Nachbarn!« Eine Frau wird
erst durch Liebe schön und ein Mann gewinnt durch
Wein an Kraft. Denken wir dabei jedoch an Tieck:
»Es ist eine platte Ansicht zu glauben, daß der Wein
unmittelbar an sich selbst alle die Wirkungen hervorbringt, die wir ihm zuschreiben; nein: sein Duft und
Hauch erweckt nur die Qualitäten, die in uns ruhen«.
Also machen wir uns wie Nikolaus Lenau »das Herz im
Weine flott«. Nach **Arthur Schopenhauer** (1788-1860)
suchen wir, wenn uns Venus entlassen haben sollte,
sowieso »eine Aufheiterung beim Bakchus«.

Prof. Dr. Georg (»Schorsch«) Mayer
(1892-1973)

Unser legendärer Kronzeuge für eine wissenschaftlich belegte, gesunde Trinkerleber und Präsident der »Deutsch-Französischen Gesellschaft« war Agrarwissenschaftler und langjähriger Rektor der Leipziger Universität. Er kam aus Horb, vom mit Wein berankten Neckar. In Leipzig steht seit 1694 wahrhaftig auf einem Portal, durch das Goethe nicht nur zum Kaffeetrinken schritt, geschrieben: »...es liegt ein Araber an einem Kaffeebaum.« Wenn auch nicht auf dem Divan, so liegt der Orientale tatsächlich in Stein gemeißelt und vergoldet über der zweitältesten Kaffeestube Deutschlands, die von August dem Starken abgesegnet wurde. Es war aber nicht nur der Coffee. Hier tranken unter anderem **Gottsched, Kästner, Klinger, Kotzebue, Lehár, Lincke, Schumann, Schwimmer, Winterstein** und zu Zeiten der DDR Schorsch Mayer ihren Wein. Der Wissenschaftler Mayer war ein Mann, der Goethe in seine Fachvorlesungen holte und seine Studenten sowie Kollegen, heute sehr ungewöhnlich, aus eigener Geldtasche zum Flaschenleeren in Auerbachs Keller und den Kaffeebaum einlud. Dort verewigte er sich auch in einer Tischplatte. Allerdings mußte man ihn ab und zu aus dem Coffee-Baum zur Lehrveranstaltung holen: Magnifizenz, sie haben jetzt bei uns Vorlesung! Was denn, meine Flasche ist doch noch halb voll? Setzt euch und trinkt mit mir! Zu besonderem Anlaß ließ er sogar ein ganzes Faß anstechen. Mayer erreichte mit 81 Jahren fast das gleiche Alter wie Goethe. Als er starb, stürzten sich seine Kollegen von der Pathologie, wie zu Lebzeiten mit ihm vereinbart, gespannt auf seine schwimmgerechte Leber. Jeder dachte an Leberversagen. Wie irrational, die Leber war unzersetzt vital. Sie hätte ihm nach Meinung der Pathologen noch als Hundertjährigen den Alkohol zerlegen können. Zu diesen Männern wird gesagt, was man einst über den Perserkönig Darius sagte: »Er konnte viel Wein trinken und ihn auch gut vertragen.« Die Mediziner wissen heute, diese ungefährdeten Trinker waren mit Alkoholdehydrogenase und weiteren Enzymen des Alkohol-Entsorgungsprogramms gut versorgt. Demnächst, wenn das Gen gefunden werden wird, das für die Produktion dieser Enzyme verantwortlich ist, und auch hier die Manipulation einsetzt, dann werden für die Weltweinkonzerne weingoldene Zeiten hereinschwemmen.

Viele Weinliebhaber wuchsen in Weingärten ihrer Familien auf oder gingen so weit, ihre eigenen Weinberge einzurichten. Ihre Beweggründe waren sehr verschieden.

Schorsch jedoch zeigte, daß man als Folge vom Weintrinken klarer sieht. Ihm fielen Dinge ein, die ohne Wein nicht denkbar waren. Wie Oscar Wild »sag ich auch immer«: Wer mit Freude trinkt, lebt länger. Weintrinken ist eben eine Kunst. Nun trank er nicht nur Wein, sondern ebenso Bier und spendierte es auch seinen Studenten. Müntefering, das Organisationstalent der SPD, trank natürlich lieber Bier. Einst sagte er: »Ich mag lieber Pils als Wein. Beim Wein ist ja kein Schaum drauf.« Doch nach dem Dunstkreis leerer Schäume hechelte Schorsch nicht. Er war wohl ein Teufelskerl, aber das Blasige lag ihm nicht.

Max Klinger

Max Klinger
(1857-1920)

Der Maler, Bildhauer und grandioser Zeichner belebte die Technik der Radierung, besonders als Aquatinta, neu. 1903 richtete er im Naumburger Blütengrund in einem Weinbergshäuschen sein Sommerdomizil als Radierstübchen ein. 1909 kaufte er einen größeren Teil des Weinberges und baute sich für den Lebensabend ein Wohnhaus. »Eine Freude hatte ich: meinen Wein in Naumburg.« Viele Weinliebhaber unter den Künstlern, wie u.a. der Schweizer **Hans Erni** (geb. 1909), der Österreicher **Alfred Hrdlicka** (geb. 1928) und der Italiener **Gabriele Mucchi** (1899-2002), deren Werke sich in meiner Sammlung »Kunst und Wein« finden, schufen hervorragende Weinetiketten. Jedoch Klinger zeichnete auch für den eigenen Wein ein lithographisches Etikett. Als Motiv wählte er den Weinberg mit Haus und Radierstübchen. Ein Original bewahrt die »Villa Romana« in Florenz auf. Dieses Künstlerheim gründete er 1905 mit Georg Hirzel, seinem Leipziger Verleger. Die Stipendien und Schaffensräume für deutsche Künstler nutzten u.a. Max Beckmann, Käthe Kollwitz und Ernst Barlach. Wenn auch bei Klinger mehr das Wasser als erotisches Symbol in seinen opulent gemalten Sirenengesängen rauscht und fast symbolisch bei seiner Grablegung Regensturzbäche seine letzte Ruhestätte mit Wasser füllten, vom Weine ließ er nicht. So heißt es auch zu einer Studentenliedgrafik: »Ich und mein Fläschchen sind immer zusammen«. Mir gefällt bei ihm die Grafik vom Tod, der seinen durchgelaufenen Wein in einen lieblichen See pinkelt.

Mit seiner rauschhaften Radierung »Fest« der Tanzenden eröffnete er einen Reigen von kraftvoller Lebensfreude im Blütengrund. Klingers Freund **Ludwig von Hofmann** (1861-1945) schwingt in den Tänzen mit. Dieser »liebe göttliche Olympier«, ab 1903 Professor an der Kunsthochschule Weimar und seit 1916 an der Dresdner Kunstakademie, war zu Beginn des 20. Jahrhunderts Gast auf Klingers Weinberg. Seine frühlingsfrische Lithographie »Bacchantischer Reigen« bezaubert uns in schönster Anmut. Du spürst die Sehnsucht nach dem liebreizenden griechischen Arkadien. »Und süßer Wein und Pauk und Zithar / Zum labyrinthischen Tanze ladet« (Hölderlin). Unter vorwärts stürmenden Bacchantinnen schlägt in der Leichtigkeit des Lebensfrühlings ein Begleiter das Kymbalon. Unter dem Klang der orgiastischen Metallbecken führt der jugendliche Bacchus eine in faunischer Lust schwellende Mänade zu einem in hingebungsvoller Umarmung sitzenden, liebenden Paar. Währenddessen liegt, wie so oft, der trunkene Silen am Boden. Hofmanns idyllische Künstlermotive finden sich, wie Euphorion in Auerbachs Keller, noch häufig in unserer Toskana des Nordens. Uns berücken im Fries des Hoftheaters zu Weimar der Dionysoszug und die Musenreihen im Senatssaal der Jenaer Universität. Da locken die badenden Mädchen in der Galerie Moritzburg in Halle und in den elf Holzschnitten zum »Hohen Lied Salomonis« werden die Liebe und der Wein gefeiert.

Bereits in früher Zeit wurde versucht, das Antike im Christentum aufzuheben. So weisen in frühchristlicher Kunst oft Motive auf Dionysos hin. Auf dem imposanten Riesengemälde »Christus im Olymp« beschwört Klinger abwägend die licht- und lustvolle Versöhnung von Antike und Christentum. Christus wird von den antiken Göttern ein Pokal roten Weines gereicht. Es scheint, als ob Christus den Kelch aus Dionysos Hand abweist. Die lebensfrohen Götter geraten in eine etwas unwillig staunende Pose. Nur Psyche sinkt Christus zu Füßen. Dieser tritt der elysischen antiken Welt, in der noch die Satyren und Bacchantinnen lustvoll toben, als strahlender Überwinder entgegen. Klinger malte den Versuch, Christus mit dem Becher Wein auf die Erde zurückzuholen. »Der Mensch ist ein Teil der Natur«. Nietzsche, für den Klinger drei Büsten schuf, nagelt in unversöhnlicher Tragik Dionysos mit geschändetem Leib ans Kreuz. Der gekreuzigte Dionysos verliert die Natur. Er ging der natürlichen Erdenbindung verlustig. Doch auch in unserem zur Neige gegangenen zweiten Jahrtausend konnte der Mensch nicht zum Menschen werden. Trotz beherzter und unerschrockener revolutionärer Bemühungen gelang es nicht, die dazu notwendigen menschlichen Verhältnisse zu schaffen. Ich las im alten Testament: Wenn die Väter unreife Trauben essen, bekommen die Enkel schmerzhaft taube Zähne.

Seinen biederen Förderern in Leipzig mochte Klinger wohl nicht mit Erotik vor die Brust stoßen. Nur manchmal läßt der »Brave« von der »reinen« Ästhetik. Dann laden Frauen wie »Die Venus in der Muschel« mit schwellenden Brüsten zu sich ein. Eine Japanerin zeigt hintergründig ihre kleinen Brüste, die man gerade nicht hat. Aber da lockt mehr »entzückender Schmelz« und höhere Harmonie als Lust. Allerdings umgarnen die Töchter von Loth den Trunkenen mit schierer Begierde. Hoffentlich geht es ihnen nicht wie Klingers Philosoph, der im Spiegel nur sich selber und nicht die davor liegende hingebungsvolle Nackte sieht. Da steigen, wie heute noch, »die Zeit und der Ruhm« rücksichtslos über den schönen schmachtenden Engel.

Womöglich verdanken wir Klinger für unsere Region den Namen »Toskana des Nordens«. Als der Künstler 1903 das erste Mal vom Blütengrund ins Tal auf den Zusammenfluß von Unstrut und Saale schaute, soll er begeistert ausgerufen haben: Hier ist es wie in der Toskana - bloß näher! Wer einmal am stillen Abend bei einem Gläschen Wein, entrückt aus »der Wüste von Mauersteinen und Zeitungen, so man heute moder-

ne Stadt nennt«, von Klingers Weinberg ins Unstrut/
Saaletal schaute, der braucht keinen Psychiater mehr.
»Bloß die Treppe lang gehen und die blauen Gehänge
ansehen und über die schöne Landschaft fühlen, das
war schon ein Genuß.« Als er im August 1909 an seinen Förderer und Direktor der Kunsthalle Hamburg,
Alfred Lichtwark, eine Einladung aussprach, schrieb
er allerdings: »Kein Naumburger Weinzwang ...« Der
berichtete dann: »Wir aßen nachher bei Frau Asenijeff
ein französisches Dinner vom Wiener Porzellan und
tranken deutsche und französische Weine aus Wiener
Kristall.«

Mit Gertrud Bock, einem jungen, unbekümmerten,
»anschmiegsamen« und liebenswerten Mädchen, das
Klinger im Nachbarort Roßbach 1910 kennenlernte,
die ihm Modell stand oder auch lag, ergötzte er sich
noch einmal an der Schönheit von Frauen. Einen Monat
nach einem Schlaganfall am 12. 10.1919 in Großjena
heiratete er sie. Klinger hatte bisher seinen Geliebten
nie den Trauring gereicht. Durch meine Sammlung
»Kunst und Wein« erkenne ich, welch bewegende Bild-
werke zum Thema »Alter Mann mit junger Frau« aus
der Sehnsucht vieler hervorragender Künstler heraus
entstanden. Sehr bedeutsam scheint mir, daß die großen Geister mit ihrer menschlichen Reife einfache Na-
türlichkeit zu lieben beginnen. Auf dem »Rückweg zur
Bescheidenheit« erfuhr Klinger noch einmal, nicht was
wir, sondern wie wir erleben, macht das Leben aus.
Mit Hölderlin: »Drum bleibe dies. Ein Sohn der Erde
/ Schein ich; zu lieben gemacht, zu leiden.« Klinger
liebte den Frühling. Gertrud Bock malte er dann auch
als »Verkörperung des Frühlings« vor einer blühenden
Landschaft von Saale und Unstrut. Im Mai 1920, als er
»bei schönstem Wetter fröstelnd vor seiner Zeichen-
platte« saß, wurde ihm erst »dank dem Weine, der uns
kredenzt wurde ... recht warm und behaglich«. Bereits

dem alternden König David legte man ein belebendes, blühendes Mädchen ins Bett. So sollte er frühlingshaft verjüngt wieder erfrischt zu Kräften kommen. Etwas abgewandelt nach Karl Arnold Kortum (1745-1824), dem Arzt und humorvollen Jobsiadenerzähler, wäre: »Die erste Pflicht der Musensöhne / Ist, daß man sich an (Wein) gewöhne.«

Klinger schuf auch für Hildegard Heyne die Aquatinta-Radierung Großjena. Wieder ein »olympischer Mittler zwischen Diesseits und Jenseits« dem hier mit Wein das Sterben leichter fiel. Wo es sich gut sterben läßt, ließ es sich auch gut leben. Keine geringere als Käthe Kollwitz hielt hier mit anderen für den Künstler, der alle Tiefen und Höhen des Lebens ins Bild gesetzt hatte, eine Grabrede. Sie stützte sich auf seine sozialkritischen Radierblätter zu gestürzten Tyrannen, zu Elend und Krieg. Aus seinem von ihm selbst geschaffenen Grabmal weht uns mit dem Athleten das bei ihm so verinnerlichte Thema »Leben und Tod« an. Wein, du stillst den Durst, der deine Erinnerungen mit sich nimmt und die uns die Kunst dann wieder bringt.

»Große Künstler sind die einzigen Reichen, welche ihr ganzes Glück mit uns teilen.«

Gerard Depardieu

Gérard Depardieu

(geb. 1948)

Mon dieu! Der »ausgebuffte« Filmschauspieler, als Sohn eines Metallarbeiters und einer Hausfrau am 27. Dezember 1948 geboren und derzeit Frankreichs bekanntester unersättlicher Weintrinker, darf an unserem Tisch nicht fehlen. Er selbst sagte von sich: »Ich trinke lieber, als daß ich filme.« Doch den Wein schluckte er nicht einfach. Er hatte trinken gelernt. Sein Leben und die Schauspielerei vermengten sich beständig. Als Jugendlicher soll er mehr auf der Straße als in der Schule zu sehen gewesen sein. Er verließ sie schon als Dreizehnjähriger. Wahrscheinlich hätte er die Frage meines Großvaters Hermann Degner nach meinem Schulerlebnis annähernd wie ich beantwortet: »Na Karlchen, wie gefällt's dir auf der Schul?« – »Ach Opa, die Schul ist man nicht schlecht. Nur man versäumt soviel Zeit.« Als Halbwüchsiger wechselte er die Diebesbanden öfter als seine Hemden. Mit 15 Jahren kam er voller Unwissenheit vom Leben zum Theater. Er besaß aber schon all das Wissen darüber, wie man lebt. Er empfand es als ein Glück, daß er in der Schule nie etwas über die großen Franzosen gehört hatte. Ansonsten hätte er sich ihnen später nicht nähern können. So wurde ihm Literatur ein Lebensbereich. Mit Texten von Corneille lernte er durch einen Algerier wahrhaft französisch sprechen. Nach einer Molière–Aufführung wurde ihm klar, daß er nur hier »Gefühle mit Worten ausdrücken (kann) … Das brachte Frieden in meine Emotionen.« Und die haben es bis heute in sich! Er sagt von sich: Ich überschreite die Grenzen gern. Er ließ sich nie einordnen. Er spart sich für nichts auf. Nur leben! Sein Motto: »Leben ohne Berechnung, so sein wie man ist.« Er rennt dem Erfolg nicht nach. Er sah sich selbst kaum. Sein Blick richtete sich auf die anderen. Doch in einem war er anspruchsvoll. Ihm muß man was entgegenbringen. Ein Partner soll ihn produktiver machen. Er muß aus ihm etwas herausholen. Schlagzeilen über ihn machen ihm Angst. Er trickst nicht. Er spielt nichts vor. Darauf beruht seine Glaubwürdigkeit. Hin und wieder liest er die Vorlagen der Drehbuchautoren. Wenn andere Filmschauspieler über einen Coach verfügen, spielt er nicht nur ohne solch einen Vermittler in mehreren Filmen im Jahr, sondern trainiert eigentlich nur durch Wein und mit Frauen. So manches Manuskript hatte er vorher nicht gelesen, jedoch dann mit Energie in Hülle und Fülle aus dem Vollen gespielt. Auch wenn es dir so manches Mal scheint, daß er zu Anfang gar nicht weiß, wie es auf- und ausgeht, sein Gespür trifft immer das Richtige. Nur nicht während der Dreharbeiten denken. Vielleicht ahnte er selber nicht, wie er den darzustellenden Menschen auf die Leinwand brachte. So erfreut dich Erlebtes in den Rollen. In seinen Filmen vergißt er nie das Leben, wie er auch den Wein nicht vergißt. Man merkt es ihm ohne weiteres an, wie er das Leben so nimmt. Schauen sie sich die Nase des 32-jährigen im Film von 1981 und die saftige Weinnase von heute an, dann wissen sie, wieviele Weinflaschen seinen unersättlichen Lebenswandel genußvoll prägten. Es geht die Rede, daß man ihm empfahl, sich zum Trinken einen besonderen Humpen herstellen zu lassen. Alkoholiker aber war er nie! Mit seinen wenig geschliffenen, etwas ungehobelten Manieren und hitzköpfigem Aufbegehren störte er so Manchen auf. In der Jugend galt er als Raufbold. Nur Wut tut weh! In den Filmen waren ihm groteske Rollen wie auf den Leib geschnitten. 170 Filme, Motorradunfälle sowie vier Kinder mit drei Frauen und etlichen noch auf der Kante genossenen führten zu mehreren Bypässen. Ich nehme an, ohne Rotwein wäre es schlechter ausgegangen.

Therapien ohne Wein und ohne Frauen schlagen bei ihm nicht an. Manchmal packt ihn der Seelenschmerz, wie beim Tod seines Sohnes Guillaume, den er eigentlich nie mochte. Mit seinen breiten Schultern und einer Flasche Wein hielt er bisher alles ab. Wenn jedoch die Kamera läuft, dann ist er ganz da mit seiner Konzentration auf die Rolle. Seinen ersten César gewinnt Gérard 1981 als Résistance-Kämpfer im Film »Die letzte Metro« von François Truffaut, und noch dazu mit einer Traumpartnerin wie Catherine Deneuve, die ebenfalls den César erhielt. Depardieu dämmert nicht unempfänglich dahin. Auch Filmemachen ist für ihn ein Vergnügen. Einfach umwerfend diese Lebensfreude! Er besitzt mit **Laurent Audiot** ein Pariser Weinrestaurant und eine Meeresfrüchte-Bar. Sein Weingut Château de Tigné in Anjou, 1989 gekauft, umfaßt stolze 70 ha Cabernet-Sauvignon Reben. »Trink einen Anjouwein, / solang ihn nichts verfälscht, / gießt du umsonst nichts ein. / Er wärmt, den Durst er löscht / dein Blut schnell durch die Adern gischt.« (Richepin) Heute werden in Supermärkten nicht einfach Erdbeeren angepriesen, sondern »Geschmackserdbeeren«. Depardieus Weine benötigen dieses Etikett nicht. Er suchte sich die Könner unter den Kellermeistern. Inzwischen sammelten sich unter seiner Presse an die 20 Weingüter in Langeudoc, Côtes du Rhône, Bergerac, in Algerien, Italien, Marokko, Spanien und den USA. Auch die Trauben ungarischer Weinberge sollen ins Glas. Er bezechte uns ebenso mit einem Kochbuch. Im Film »Vatel« zieht er als Maître de Plaisir für ein rauschendes Fest zu Ehren von König Ludwig dem XIV. alle Register seiner eigenen Liebhabereien. Obwohl ihm junge Frauen zu Füßen liegen, bekennt er, während Chaucer mehr auf Kalbs- statt auf betagtes Rindfleisch stand, daß ihm die Erfahrungen einer 50jährigen mehr zusagen. Seine derzeitige Gefährtin, die Weinkennerin Clémentine

Igou, ist allerdings erst 32. **Madonna** schraubt den Besitz von Weingärten nicht so hoch wie Depardieu. Verständlich dreht sie auch das Partneralter zurück: »Ich bevorzuge junge Männer. Sie wissen zwar nicht, was sie tun, – aber sie tun es die ganze Nacht.« Depardieus Ex-Flamme **Carole Bouqet** hat auf der Insel Pantellaria vor Sizilien auch einen Weinberg und bietet den Passito di Pantellaria in Paris an.

Depardieu meint, ohne Glück und ohne Liebe gäbe es kein Leben. Dabei entwickelte er nie das Gefühl, Besitzer zu sein. Eroberungssucht blieb ihm fremd. Für ihn braucht auch die innige Beziehung zu einer Frau nicht unbedingt über Sex zu laufen. In den »Ausgebufften« hörst du von ihm warnend zum Sex: Dein Tempo ist wahnsinnig schnell. Bevor du startest, kommst du schon.

Ich ahne, dem schwerreichen Filmstar Depardieu stand nicht nur Bacchus sondern ebenso Epikur zur Seite. Als er 2009 in Düsseldorf seine Weine präsentierte, sprach er vom Weinkeltern als der wahren Kunst. Weintrinken und Geselligkeit mit Freunden gehören zu den schönen Dingen des Lebens. Dies ist für ihn Zeichen von Kultur. Als Genußmensch dachte er nicht daran, würdelos einfach mehr Geld zu machen. Für ihn waren Leben und Geldscheffeln nicht ein und dasselbe. Er wußte wie der »Erzpoet« aus der Carmina Burana, wie »man Geld in Wein verwandelt.« Ihm gelang es, sein vieles Geld mit »le goût de la vie«, dem Geschmack des Lebens, zu verbinden. Allerdings nehme ich an, daß alle seine Unternehmungen auch wirtschaftlich rentabel sind.

Für Depardieu heißt Kultur, menschlich essen und trinken. Für ihn zählt, wie man jemanden empfängt und wie man sich gibt. Sein Gutsverwalter von Tigné sagt, drei Eigenschaften zeichneten ihn aus: Liebe – Leidenschaft – und daß Gérard immer ganz unver-

fälscht er selbst bleibt. Doch der 63-jährige ist in die Breite gegangen. So soll er für mageren Sauermilchkäse aus Leppersdorf bei Dresden werben. Dies ist also weniger der Hochzeit von Käse und Wein geschuldet. Auch wenn Winzer Käse nutzen, um minderwertigen Wein zu verkaufen, Depardieu geht es hier wohl mehr um eine Diät gegen seinen massigen Körper. Er besitzt dieses große Vertrauen ins Leben und sieht im Tod den kommenden Frieden. Für ihn ist ein Wein wie ein Lied und ein Lied wie das Leben.

Zur Gilde der Weinbergsbesitzer, die besonders gute, aber heute unwirtschaftliche Lagen vor der Verödung retten, gehören ebenso **Peter Ustinov** und **Ornella Muti**. Letztere ist ein Sonderfall. Obwohl die Schöne Schönheit als Lebensinhalt ablehnt, tut sie viel für die Schönheit. Daher trinkt sie selbst sogar ihren Wein Abbazia nicht. Nur nach der Kelter verkostet sie seinen Werdegang. Der Weinberg schenkt ihr wohl mehr als Ruhepol den Ausgleich zum Streß eines Filmstars.

Ich aber denke an den feuertrunkenen »Helden« der 1848er ungarischen Revolution **Sandor Petöfi** (1823-1849). Als er im Sommer 1849 im Unabhängigkeitskampf fiel, wurde Heinrich Heine angesichts der freiheitlichen ungarischen Aufständigen »das deutsche Wams zu enge«. Wir jedoch schenken mit unseren ausländischen Weintrinkern mit Petöfis Leidenschaft in stimmungsvoller Atmosphäre.

»Deine Liebe mit Wein. ... Wundert euch, doch dürft ihrs glauben: / Hier in meinem Herzen wohnt / Bacchus nur, der Gott der Trauben, / den sich's anzubeten lohnt.«

Viele weinliebende geistig-kulturell berühmte Emigranten, aus ihrer Heimat vertrieben, fanden in gastlichen europäischen Ländern Aufnahme und Wein.

Francisco de Goya

Francisco José de Goya y Lucientes
(1746-1828)

Der lebenshungrige und geniale Künstler liebte die Frauen und den Wein. Feuchtwanger über Goya: »Darum laßt uns / Tauchen in den / Tiefen Schoß der / Liebe; denn wir / Leben nur so / Kurze Zeit auf / Dieser Erde / Und wir sind so / Lange tot.« Goya, über dreißig Lebensjahre taub, benötigte drei Brillen, damit er das malen konnte, was sich uns für immer einprägte. Der reaktionäre spanische König wünschte seinem »Ersten Maler«, obwohl der auch mit höfischen Posen seinen Lebensunterhalt verdiente, den »Würgetod« an den Hals. Die Inquisition und die Restauration Ferdinands VII. hetzten ihn am Lebensende ins Exil nach Frankreich. Zum Essen trank der aragonische Landmann Goya gerne den salzigen Manzanilla. Dieser jerezartige Wein war ihm auch betreffs des niedrigeren Zucker- und Alkoholgehaltes lieb. Natürlich kostete er auf vielen Festen auch andere Weine, wie den Malaga und ebenso Champagner. Francho ging mit der Herzogin Alba in seine Lieblingstavernen. Dort schenkten ihnen die Majas – »Sie waren Stolz auf der Straße, engelhaft in der Kirche und teuflisch im Bett« – den Rosado aus. Als einmal Räuber seinen Namen erfuhren, ließen sie ihm die Hälfte seines Geldes und tranken mit ihm ihren Landwein. Wer kennt nicht Goyas Trinkgelage? Seine Zuversicht in die blühende Lebenskraft des Volkes und seine erfrischende Kühnheit spiegeln sich in den Werken »Vor der Herberge«, »Die Weinlese« und seine Verachtung in »Die spukhaften Prasser« wider. Wer aber Goyas »Los Caprichos« von der Dumpfheit der katholischen Kirche und ihren Scheiterhaufen sowie die »Desastres de la guerra« von den brutalen »Hidalgos« und ihrem Kriegsgreuel trennen will, der kastriert den Künstler. Er bekannte: »Ich male keine Politik«, aber ich male, »um die Menschen für ewig zu mahnen, nie wie die Barbaren zu sein« und weil ich »den Schlaf der Vernunft«, der Ungeheuer gebiert, hasse. Gerade an seiner Kunst wird ihre unmißverständliche Möglichkeit deutlich, unmenschliche gesellschaftliche Verhältnisse aufzudecken. Seine »politische« Sprache war die Kunst. Er schuf sie zu einer Zeit, in der ihr Wert noch nicht durch ihren Verkaufspreis bestimmt wurde. Kishon schrieb in »Picassos süße Rache«: »Die Schönheit ist für die heutige Kunst gestorben … Die Gegenwart gehört der hochsubventionierten Mülldeponie.«

Heute, wo die profitablen Kunstblasen platzen, bleibt Goyas Werk davon unberührt. Obwohl ihm natürlich die Verkäuflichkeit seiner Bilder den Lebensunterhalt gewährte, nahm Goya die Herrschenden so aufs Korn, daß sein Leben in ständiger Gefahr schwebte. Mit Peter Hacks könnten wir sagen, Wein, »Liebe und Kunst sind, deren ich bedarf«. Hätte er sich unmittelbar politisch engagiert, dann wäre er vor seiner Flucht im Kerker verwest oder in Flammen aufgegangen. Goya folgte der chinesischen Weisheit: »Nimm die Hälfte deines Einkommens für das tägliche Brot und mit der anderen Hälfte nähre dein Gemüt.« Eigenartig, ich fand in Feuchtwangers Goya-Roman viel über Speisen, Gastmahle, auch über Malaga und Champagner, doch in den ersten beiden Teilen nicht einmal das Wort Wein. Nur im dritten Teil trank er noch »einen letzten Schluck aus dem Weinschlauch«. Die Weine aus Tarragona, Manzanilla und ein umgeworfenes Weinglas auf seine Caprichos werden erwähnt. Doch er trank ihn. Goya starb in Bordeaux, im Herzen der bekanntesten Weinregion Europas.

Oh Wein, oh Wein, wie sehr dein Glanz verblich.

Pablo Picasso
(1881-1973)

Bei seiner »La famille Soler« wird nicht nur mit Wein sondern auch mit Kunst der »Staub von der Seele« gewischt. Sein »Frühstück im Freien« setzt die Tradition von Stechern aus dem 17. Jahrhundert fort. Das »Ländliche Konzert« von Giorgione oder Tizian (?), Bilder von Eduard Manet sowie von »Wilhelm Leibl und seinen Malerfreunden« regten ihn an. Aber der Faschist Franco verdarb ihm seine Heimat und er blieb in Frankreich. Picassos bacchantische Zeichnungen strahlen uns berauschend an. Er wußte, »wie man Wünsche beim Schwanz packt«. Vom Kastrieren hielt er nichts. Weinlaunige Mänaden mit s-förmig schön geschwungenem Rücken und verlockenden »Po-Ebenen« auf begehrlich bewegten Schenkeln betören uns zum Greifen nahe. Der Druck, auf dem ein kräftiger Bildhauer in seinem Schoß eine schöne Nackte in arkadischer Hügellandschaft zärtlich umstreichelt, erfreut mich seit Jahren in meinem Arbeitszimmer. Ebenso wohlgefällig schaut auf das liebende Paar der Kopf einer Frauenskulptur. Besonders seine prachtvollen Minotauren mit sinnlich schmiegsamen Frauen im Arm und den kraftvollen Stieren beim Wein liebe ich sehr. Obwohl dolchbewehrte, alles zerstörende Rammböcke mit ausgeprägtem Gemächt durch die Gegend stampfen oder sich erdolcht im Sterben wälzen, von seinen über 50 Stiermenschen standen ihm die, die das Glas schwenkten, viel näher. Selbst der kraftvolle Ramm im Menschen kann zärtlich sein! Gegensätze ziehen sich an. Welche sinnliche Frau möchte nicht in den liebevollen Armen eines kräftigen, weintrinkenden Stiers liegen? Welcher Mann möchte nicht so kraftvoll wie ein Stier sein? Ähnlich begegnen die Minotauren des Schweizers **Hans Erni** den Frauen. Sie geben sich den

Pablo Picasso

Stiermenschen selbstbewußt, aber innig mit werbender Lust hin. Wir finden zärtlich Liebende auch menschlicher, obwohl so manches Mal Picassos Minotauren kein Federlesen mit Frauen machen. Er selber benötigte für seine schöpferische Arbeit ebenfalls nicht wenige Frauen, wie es sich bei Gertraude Clemenz-Kirsch zu lesen lohnt. »Darum laßt uns heute in den / tiefen Schoß der Liebe tauchen, / Morgen können wir's nicht mehr.« Mit den Frauen und dem Wein wußte er, was er malt und er malte mit Schwung. Auch wenn Körperteile bei ihm öfter nicht am rechten Fleck waren, er traf ins Schwarze. So entlarvte er ebenso die Fratzen der Gewalt.

Der »Becher der Sinnenlust« verständig genossen, kann das hemmungslose Tier im Menschen bändigen. Picasso wußte von dem kulturvollen Einfluß des Weines. Wie viele seiner Vorgänger suchte er, im Rausch seinen Erfahrungshorizont zu erweitern. Er kehrte so einiges nach oben, was weiter unten in ihm schlief. Wer aber Picassos Friedenstaube, Guernica und sein Blutbad in Korea vergißt, der geht über die Grausamkeiten des 20. Jahrhunderts hinweg. Was halten sie von Pablo Picasso? »Ich ging zum Kommunismus wie man zu einem Brunnen geht.« Also, wenn es ihnen im Halse stecken bleibt, spucken sie es wieder aus und putzen sich einfach den Rachen mit einem Tresterbrand. Als Picassos Gang zu den Quellen des Weines am Ende war, forderte er die Trauernden noch hoffnungsvoll auf:

»Trinkt auf mein Wohl! Ihr wißt, ich darf nicht mehr trinken.«

Salvador Dali

Salvador Dalí y Domenech
(1904-1989)

»Jeden Morgen, wenn ich erwache, erlebe ich die allergrößte Freude: nämlich Salvador Dalí zu sein.« Picassos Landsmann, biederte sich spektakulären Kunstrichtungen an. Sein Wohlleben ging ihm über alles. Als ein oder besser sogar als der Hauptvertreter des Surrealismus verstand er, sich als Enfant terrible bestens in Szene zu setzen. Er spielte und kontrollierte sich selbst als den genialen und größenwahnsinnigen Künstler. Vor Breton fiel er noch auf die Knie und beteuerte, er sein kein Feind des Proletariats. Doch bereits früh lief er zweigleisig. Er diente sich Franco an und demonstrierte im Mai 1968 in Paris mit Studenten.

Er wollte mit seiner gekonnten exzentrischen Kunst berühmt sein und – gelenkt von seiner Frau Gala, die er 1929 Paul Eluard ausgespannt hatte – so viel bare Münze wie möglich machen. Gala witterte wohl das viele Geld, das mit Dalí zu machen war. Die Visionen gab sie ihm zum großen Teil mit ein. Sein Talent »plünderte« sie aus. Die riesengroße Anzahl von opulenten Fälschungen sprechen sehr für den hohen Marktwert der Werke eines großen Geschäftsmannes. In den 30er Jahren schaffte sich das »dollarhungrige« Ehepaar in den USA ihr finanzielles Fundament. Seine Muse und Managerin hatte nicht nur den Absatz gewittert, sondern diesen auch in Gang gebracht. Der Gottähnliche mußte jedoch hinnehmen, daß zu seiner Frau nicht nur der Chauffeur ins Bett stieg, sondern daß ebenso die Fischer vor Ort in ihre schäumende Venusgrotte einliefen. Seinen eigenen phantastischen Begierden folgte Dalí in seinem bildkünstlerischen Werk. Aber dem Wein huldigte er auch: »Wenn das Leben die Barbarei übertreffen soll«, dann seien Wein und Kunst als älteste Kulturgüter unabdingbar.

Wir sollten nicht nur an seine schockierende Malerei, mit denen er die Menschheit einfach verblüffte, sondern vor allem an seine Grafik, und dabei besonders an die zum Wein denken. Ausstellungen in Halle (Dalí grenzenlos 1995 und 2006), Schwerin (2004) und Koblenz (2006) beeindruckten mich. In Halle sah ich seinen Bacchuszug und im Schleswig-Holstein-Haus in Schwerin sowie in Koblenz unter anderem die Trunkenen »Reflejos De Luna«. Dalís Abwandlungen der »Caprices« von Goya verstricken uns aufs Neue mit dessen ungeheuerlicher Kraft. Nicht nur die Grafiken zu Dantes »Göttlicher Komödie« – er behauptete den Text nicht gelesen zu haben und Gala hätte einfach anschließend seine Grafiken zugeordnet, – zu Cervantes »Don Quijote« sowie zu Rabelais »Gargantua und Pantagreul« rufen Bewunderung hervor. Überhaupt gefallen mir seine Druckgrafiken, unter anderem die Radierungen zu Boccaccios »Dekamerone«, auffallend gut. So manche, seinem Größenwahnsinn verfallen, »knabberten an den Venus-Brustspitzen« seiner Schönen. Traubenhügel, Kreuzgrübchen, Wonnekugeln und die Rosengründchen berühren dich mit ihrem geschwungenen Violinschlüssel zum Anfassen schön. Du möchtest dem verlockenden »Porträt von Carmen« auf den Leim gehen. Seine lüstern gerundeten Hinterbacken strahlen vor Po-esie innerliches Wohlbehagen aus. Ich vermute, daß Dalí in Wirklichkeit mehr die Sehnsucht nach wohlgestalteten Körpern mit der Harmonie einer innerlichen Seelenstrahlung umtrieb. Seine Phantastereien von aufgerissenen Leibern und zerstückelten, mißgestalteten Gliedmaßen blenden uns fast. Mit diesem schillernden Pomp flatterten wohl mehr von den ersehnten Geldscheinen in die geöffneten Schubladen.

Nehmt das buchkünstlerische Werk »les vins de Gala« (Madrid 1977) zur Hand, auch wenn es drunter

und drüber geht und ihr wie nach einem Rausch fix und fertig seid, die unnachahmliche Vielfalt seiner extravaganten surrealistischen Künste wirkt. Ich erwarb das Buch 2006 in einem Antiquariat in Luzern. Die von ihm oft geübte künstlerische Praktik, Gemälde Alter Meister mit seinen Trauben, Schläuchen, Flaschen, Gläsern, hocherotisch auffrischenden, begehrenswerten Nackten und skurrilen Gestalten surrealistisch zu verfremden, benebeln dich. Um dich wieder zu fangen, da hilft nur, eine Flasche guten Weins mit einer liebreizenden Frau zu trinken. Dämmern wird es dir aber nicht. Womöglich trank Dalí zuviel des Guten? Wenn Dalí auch oft recht rätselhaft im Trüben fischte, Weinnebel sind vielleicht doch die angenehmsten Dämmerzustände. Unerforschlich sind seine Wege in der Kunst, insbesondere seine Ausflüge ins »künstlerische Freudenhaus.« Er meinte, daß er seine Bilder, wenn er sie malt, selber nicht versteht. Vielleicht spucken seine Gestalten deshalb auch so vieles selber aus? Teffend für ihn, auch wenn ich dem nicht zustimme, äußerte er: »Eines ist sicher, dies ist, daß ich in allen ihren Formen die Einfachheit hasse.« Dagegen sprechen aber unter anderem seine vielen zarten Frauenzeichnungen und ebenso die »reitenden Hexen.« Er schrieb darüber hinaus viele Texte sowie Opern und machte mit Buñel, Disney und Hitschcock Filme. Für Whisky, Schokolade und Herrenhemden warb er ebenso. Auch mit industriellem Design machte er Geld. Dies war der Weg zum »Grafikdesigner«. In Schwerin erwarb ich für meine Kartenspielesammlung »Kunst und Wein« die Jubiläumsedition »Dalís Tarot«.

Saftige Trauben, wunderschöne Frauen und die vielen Kelche machen das trinkfreudige Spiel.

Mir gefallen trockene Stunden ebenfalls weniger. Ich balanciere auch lieber mit Gläsern.

Heinrich Heine

Heinrich Heine

(1797-1856)

»Verschlemmen soll nicht der faule Bauch / Was flei-
ßige Hände erwarben.« Doch Heine war den leiblichen
Freuden zugetan. »Ich bin ein armer Schwartenhals,
/ Ich eß und trink so gerne.« Sein Vater und besonders sein Onkel Simon, ein Arzt, tranken gerne und
führten Heine in den Genuß von Wein ein. Professor
Koch zitiert Kohut über Heines Studentenleben beim
Wein: »Beim Glase edlen Rhein- und Moselweins
wurde sein Geist immer feuriger, seine Zunge immer
beredter, und Funken des Esprits, des Witzes und der
drolligsten Einfälle sprühten aus seinem Kelchglase …«
Der Rheinwein in der Weinstube von Lutter & Wegener stimmte ihn besonders weich. So war Heines Le-
bensablauf: Lehrling und Handelsschule (1814-1818),
Studium der Rechtwissenschaften, Reisen, schriftstellerische Arbeiten und Promotion (1819-1825) und
weitere Reisen sowie schriftstellerische Arbeiten und
ihre Verbote (1826-1831). Ab Mai 1831 lebt Heine in
Paris. Er war wohl der berühmteste deutschsprachige
emigrierte Poet. Heine erlebte den Aufstieg und das
Finale Napoleons, die Restauration und die bürgerlichen Revolutionen am Ende der ersten Hälfte des 19.
Jahrhunderts. Weil der scharfsinnige Publizist seine
demokratisch-revolutionäre Haltung nicht verleugnete
und nicht bereit war, Politik und Kunst zu trennen –
»Ich kenne die Weise, ich kenne den Text, / Ich kenn
auch die Herren Verfasser; / Ich weiß, sie tranken
heimlich Wein / Und predigten öffentlich Wasser« –
verhinderte der katholische Klerus 1828 eine Professur
für Literaturgeschichte. Weitere feste Anstellungen
scheiterten. »Alles erblick ich im Glas, / Alte und neue
Völkergeschichte, / Türken und Griechen, Hegel und
Gans, / Zitronenwälder und Wachtparaden, / Berlin

und Schilda und Tunis und Hamburg, / Vor allem aber das Bild der Geliebten, / Das Engelköpfchen auf Rheinweingoldgrund«.

Die hohe Geistigkeit seiner romantischen Ader, gewürzt mit scharfsinnigem Spott, brachte die Romantik auf den Höhepunkt. Mit seiner unverbrauchten Schlichtheit und dem ironisch durchschimmernden sozialen Hintergrund, der mich schon als Jugendlicher über das so ansprechende Sentimentale hinaus in den Bann zog, sorgte Heine selbst für den Absturz der Romantik. Er vertrug keine Abgötterei. Seine hohe Dichtung hob die Romantik in politischer Lyrik auf. Die Lieblingsblume meines Vaters war das Veilchen. »Von der Bescheidenheit der Veilchen / Halt ich nicht viel.« Dieses auch gab mir mein Vater mit.

Mit seinen Reisebildern schuf Heine neuartige Schilderungen. 1829 nennt er sich in der »Reise von München nach Genua« einen »braven Soldaten im Befreiungskrieg der Menschheit.« Er trat gegen Unterdrückung und die Macht der Herrschenden auf. Er setzte sich für soziale Gleichheit ein. »Alle Menschen, gleichgeboren, / Sind ein adliges Geschlecht.« Auf all' den kämpferischen Lebenswegen waren die Liebe und der Wein seine Begleiter. »Nur aufs Ziel zu sehen, verdirbt die Lust am Reisen.« (Friedrich Rückert) »Nun, Wirtin, liebe Wirtin, / Schaut um nach kühlem Wein« und als »ihn die schöne Dame frug, ob er wisse, was Liebe sei, / da antwortete er ihr mit flammenden Küssen. Trunken / von Liebe, vielleicht auch von süßem Wein, entschlief / er bald an der Brust seiner zärtlichen Wirtin.« Auf der Harzreise erreichte er 1826 noch ohne die zärtliche Wirtin sein Schlafzimmer, obwohl wir lesen: »Ich kann viel vertragen, die Bescheidenheit erlaubt es mir nicht, die Bouteillenzahl zu nennen.« Unbescheiden denken wir, Heine muß wohl doch ein guter Alkoholdehydrogenase-Produzent gewesen sein.

Das »vage, unfruchtbare Pathos« blieb ihm fremd. Kraftvoll sind seine Texte auch im Exil. Ich weiß schon, was soll es bedeuten: »Denk ich an Deutschland in der Nacht«, dort sind »die preußischen Ketten im Winter sehr kalt und meiner Gesundheit nicht zuträglich«, »so entschloß ich mich, nach Paris zu reisen und im Vaterland des Champagners und der Marseillaise« meinen Wein zu trinken. Dort saßen »die Knechte … in schimmernden Reihn, / Und leerten die Becher mit funkelndem Wein.« »Ja, ja, der Wein, das ist mein Element! … In seinen goldig hellen Liebesfluten / … Will ich gesund die kranke Seele baden«. Für hervorragende Kulturleistungen erhielt Heine 1840-1848 aus dem französischen Unterstützungsfonds für notleidende Emigranten jährlich 4.000 Franken; wenn auch nicht viel, aber »die Krüge füllten sich / mit dem besten Wein.« Er verkündete einer seiner schönen Freundinnen in »Ideen. Das Buch Le Grand: Madame! … das Licht der Welt erblickte ich an den Ufern jenes schönen Stromes, wo auf grünen Bergen die Torheit wächst und im Herbst gepflückt, gekeltert, in Fässer gegossen und ins Ausland verschickt wird«. Doch irgendwie muß sich der Export nach Paris nicht so einfach vollzogen haben. Heine stößt den sorgenvollen Seufzer aus: »Mon Dieu! wenn ich doch so viel Glauben in mir hätte, daß ich Berge versetzen könnte – der Johannisberg wäre just derjenige Berg, den ich mir überall nachkommen ließe … Ich habe den Wein, der dort wächst, immer für den besten gehalten.« Er mußte sich mit seiner Phantasie behelfen. Doch er nahm an, daß sich vom Honorar des Buches ein Faß Rüdesheimer anzapfen ließe.

Mit Marx verband ihn ab 1843 Freundschaft. Es gab Zeiten, da besuchte Heine täglich Marx. Als Marx aus Paris ausgewiesen wurde, wollte er gerne Heine »einpacken.« Doch wenn Heine klagend seine Weh-Wechen vorbrachte, schickte ihn Marx zu seiner Frau.

Engels übersetzte Heines »Die schlesischen Weber« ins Englische. Heines politische Lyrik folgte revolutionären Gedanken, mündete jedoch im Aufruf zur Tat. Nachdem Heine Deutschland zu einem Wintermärchen wurde, geriet er in die Fänge einer phantastischen Grundfrage der Menschheit, der sich vor ihm schon Immanuel Kant gestellt hatte. Heine gab eine trinkbare Antwort:

> *Was ist ein Mensch? Ein hohler Begriff.*
> *Nur eine abstrakte Hülle!*
> *Conkreten Inhalt giebt ihm erst*
> *Des Rheinweins edle Fülle.*
> *Der Rheinwein glänzt noch*
> *immer wie Gold*
> *im grünen Römerglase,*
> *Und trinkst du etwelche*
> *Schoppen zuviel*
> *so steigt er dir in die Nase.*

Wer weiß, was unserem Poeten für Bedenken kamen. Vielleicht hatte er eine Flasche zuviel getrunken und wieder nüchtern, dämmerte ihm, der Mensch ist auch ohne Wein füllig. Doch er filterte zum Bedauern der Weinfreunde diese ahnungsvollen Zeilen nach Vers 4 aus Caput XXIII heraus und ließ sie im ursprünglichen Faß als Trub zurück. Jedoch im Ratskeller von Bremen gewinnt er wieder Klarheit: »Und um die rote Weltgeistnase / Dreht sich die ganze betrunkene Welt.« Sie drehte sich jedoch auch um »die Fee mit dem langen blonden Haar.« Heute dreht sich alles, wenn sich noch was dreht, um die Lotto-Fee.

Ich aber fand bei ihm eine der schönsten Huldigungen des Bacchuszuges: »Die Musik wird brausender, es erklingen von draußen üppige Weisen, Zimbel- und Paukenklänge, und das ist Bacchus, welcher seinen fröhlichen Einzug hält mit seinen Satyren und Bacchanten. Er reitet auf einem gezähmten Löwen, zu seiner Rechten reitet der dickbäuchige Silen auf einem Esel. Tolle ausgelassene Tänze der Satyrn und Bacchanten. Letztere, mit Weinlaub oder auch mit Schlangen in den flatternden Haaren oder auch mit goldenen Kronen geschmückt, schwingen ihre Thyrsen und zeigen jene übermütigen, unglaublichen, ja unmöglichen Posituren, welche wir auf alten Vasen und sonstigen Basreliefs sehen. Bacchus steigt zu den Liebenden herab und ladet sie ein, teilzunehmen an seinem Freudendienste. Jene erheben sich und tanzen einen Zweitanz der trunkensten Lebenslust.«

Heine wußte aber auch, wohin Armut führen kann: »Leider hatte er recht, und je weniger er zu essen hatte, desto mehr legte er sich aufs Trinken und ward ein Trunkenbold. Anfangs Elend und später häuslicher Gram trieben den Unglücklichen, im Rausche Erheiterung oder Vergessenheit zu suchen und zuletzt mochte er wohl zur Flasche gegriffen haben, wie andere zur Pistole, um dem Jammertum ein Ende zu machen. ›Glauben Sie mir‹, sagte mir einst ein naiver westfälischer Landsmann Grabbes, der konnte viel vertragen und wäre nicht gestorben, weil er trank, sondern er trank, weil er sterben wollte; er starb durch Selbsttrunk.«

Viele von Heines Gedichten wurden zu Volksliedern, u. a. von Brahms, Liszt, Mendelsohn-Bartholdy, Schubert und Schumann vertont. Doch schon zu Lebzeiten wurde er verfemt und verfolgt. Die Nazis wollten seinen Namen auslöschen und verbrannten seine Bücher. »Dort wo man Bücher verbrennt, verbrennt man am Ende auch Menschen.« Nicht vergessen sind die politischen Farcen bei Namengebungen (etwa Universität Düsseldorf) und Denkmalen in der Alt-Bundesrepublik.

»Es prunkte und prahlte der Graf beim Wein / Mir

mundet weit besser dein Töchterlein.« Die Verse könnten für den »tollen Engel« Mathilde, seine liebenswürdige Lebensgefährtin, die er 1841 heiratete, gedacht sein: »Habe ich nicht den süßesten Wein / … Tagtäglich dir kredenzet?« »Frau Venus, meine schöne Frau, / Von süßem Wein und Küssen / Ist meine Seele geworden krank; / Ich schmachte nach Bitternissen.« Zwölf Jahre Verbannung in seiner Matratzengruft, erste Lähmungserscheinungen traten bereits 1837 auf, hinderten Heine nicht daran, sein politisches Testament aus vorangegangenen Werken zu formulieren und bewegende Lyrik wie das »Goldene Buch eines Besiegten« sowie »beißende Satiren« zu verfassen. Verkommene Angreifer meldeten sich: »Ich hätte nie geglaubt, daß Deutschland so viele faule Äpfel hervorbringt, wie mir damals an den Kopf flogen.« »Sie haben das Brot mir vergiftet, / Sie gossen mir Gift ins Glas, / Die einen mit ihrer Liebe, / Die andern mit ihrem Haß.« Heine – »Den Wein und die Austern der Gegenwart, / Und die dunkle Zukunft vergessend« – war durch seine Krankheit sowie die niedergeschlagene Revolution stark bedrückt. Doch er kam »nicht umhin zu erwähnen, daß der Ruf: ›Vive la liberté!‹ der häufigste war.« Man sah einzelne Liniensoldaten und Nationalgarden in symbolischer Umarmung; ebenso, als symbolische Handlung, teilten sie miteinander ihre Würste, ihr Brot und ihren Wein. »Und statt des dicken Bieres trank man den leichtsinnigen Wein, das demokratische Getränk, welches im Rausche die Menschen gleichmacht, die sich eben noch auf den nüchternen Schauplätzen der Wirklichkeit nach Rang und Geburt unterschieden.« Heine rang mit »widerstreitenden Gefühlen«. Doch er schrieb auf seinem Krankenbett: »Ein Posten ist vakant! – Die Wunden klaffen – / Der eine fällt, die anderen rücken nach – / Doch fall' ich unbesiegt, und meine Waffen / Sind nicht gebrochen – nur mein Herze brach ... trunken von Glück und gewiß auch von Wein.« Er hoffte im Romanzero: »Weinpokale wird es droben in viel weit'rem Umfang geben ...« Als Marx Heine auf seinem Krankenbett besuchte, hatten ihn Krankenschwestern vorher umgebettet. Heine sagte: »Sehen sie lieber Marx, die Damen tragen mich noch immer auf Händen.«

Er versuchte, seine Lage zu vergessen. Nur das Weintrinken vergaß er nicht. Obwohl Wein polygame Neigungen weckt, Heine war ans Krankenbett gefesselt. Auch die mehr als amourösen Zeichnungen französischer Künstler konnten ihm nicht mehr auf das dritte Bein helfen. Er aber sah die Schönen beim Licht von Kerzen gern, wenn auch seine Kerze erloschen war. Doch ein Dichter bleibt ein Poet und seine Verstandesschärfe blieb ihm lange erhalten. Auch wenn geschichtliche Tatsachen ihn furchtbar schüttelten, selbst in seiner Matratzengruft gab es keinen geschichtsneutralen Raum. Dachte er vielleicht an Rousseaus Gesellschaftsvertrag: »Aus dem Geschehenen wollen wir auf das schließen, was geschehen kann.« Heine gab bis zu seinem Ende Kunst und Geschichte ein Gesicht.

Heinrich Heines letzte Worte im Sinne seiner Lazarus-Gedichte sollen »Papier und Bleistift« gewesen sein. Wir sehen uns ermutigt, nicht aufzuhören, weiter zu schreiben und seiner Weinfreunde zu gedenken.

Karl Heinrich Marx
(1818-1883)
Friedrich Engels
(1820-1895)

»Alle mal hertrinken, auch die, die schwer trinken!«
Wir sollten uns daran gewöhnen, daß Marx und Engels
keine schlaffen Musterknaben waren. Lebensunlust
blieb ihnen fremd. Mit rheinischer Fröhlichkeit wurde
Engels von seinem Vater nach »mutwilligen Späßen
abgeprügelt.« Bei unruhigen Gedanken las er »schmie-
rige Ritterbücher,« so daß der »bewegliche Junge«
immer unter Aufsicht stehen mußte. Als sein Schuldi-
rektor verbot, Bücher zu kaufen, die nicht schriftlich
genehmigt waren, stiftete Engels seine Mitschüler an,
auffällig Bücher zu kaufen. Als bei der Kontrolle bei
allen mehrfach das Buch vom »geistlichen Oberhaupt
aller Rechtgläubigen … Friedrich Wilhelm Krummacher
… Blicke ins Reich der Gnade« gefunden wurde, grölte
die Klasse und die halbe Stadt lachte.

Später wußten beide, trotz giftspritzender Anfein-
dungen, handfester Bedrohungen und miserabeler
Lebensbedingungen, das Leben bei Wein und Liebe
zu genießen. Obwohl sie sich lebenslang bis zur
Erschöpfung den Niedergedrückten und Ausgebeuteten hingaben, verschoben sie ihre eigene Lebenslust
nicht auf den Sankt-Nimmerleinstag. Bei Engels lag
die Küche, in der wohl selten gegessen, in der aber
oft disputiert und bis zum frühen Morgen Wein getrunken wurde, in der Nähe des Weinkellers. Nach
der Bereitung des Plumpuddings zu Weihnachten
ging Engels in den Weinkeller, holte Wein sowie Sekt
und man stieß auf fröhliche Weihnachten an. Engels,
der den »verdammten Handel« satt hatte, schied am
30.6.1869 als Teilhaber der Firma »Ermen & Engels«
als freier Mann aus. »Mit zum letzten Male« zog er

KarlMarx

Friedrich Engels

triumphierend seine Röhrenstiefel aus und tafelte dann mit seinen Freunden beim Champagner. Auch für seinen Freund galt: »Zur Geselligkeit, wie Marx sie liebte, gehörte aber auch ein Schluck Wein.« Richter freute sich: »Marx bewirtete uns mit Rotwein. Dies war bei ihm anscheinend Sitte, denn als ich das nächste Mal zu ihm kam, setzte er mir auch wieder Rotwein vor.« Ich denke, die beiden wußten nicht nur das Leben zu genießen, sondern auch, wie gut es war, die einfache medizinische Regel einzuhalten: Größter Anspannung muß die Erholung folgen.

Marx und Engels fanden vor Verfolgungen durch den preußischen Ungeist und durch konservative Regierungen Europas in England Zuflucht. Marx erdrückte das Emigrantenleben: »Abgesehen davon, daß wir nichts mehr kreditiert erhalten … Dazu haben die Kinder keine Kleider und Schuhe, um auszugehen.« Nachdem zwei Pfänder 1850 ihre Wohnung betraten, lag Jenny mit ihren Kindern frierend auf dem nackten Boden. Als die kleine Tochter Franziska starb, spendete ein französischer Flüchtling das Geld für den Sarg. Engels klagte um Deutschland: »Welch schöner Land, wenn man darin nur Leben könnte.«

Friedrich Engels irrte zwar 1848 mit seinem Weggefährten Marx als Verfolgter durch Europa, doch fand er in Saint-Bris »die heiterste Gesellschaft, die süßesten Trauben und die hübschesten Mädchen.« »Wenn die Französinnen nicht wären, wär' das Leben überhaupt nicht der Mühe wert«, faßt er zusammen. Grisetten charakterisierte er nicht, dafür aber Frankreichs Weine: »jeder dieser Weine macht einen verschiedenen Rausch«, man kann »mit wenig Flaschen alle Zwischenstufen von der Musardschen Quadrille bis zur Marseillaise, von der tollen Lust des Cancans bis zur wilden Glut des Revolutionsfiebers durchmachen und sich schließlich mit einer Flasche Champagner wieder in die heiterste Karnevalslaune von der Welt versetzen.« Aber auch in Paris wurde er von Polizeispitzeln bis zum Weinhändler verfolgt.

Engels und Marx waren keine Kinder von Traurigkeit. Sie saßen gerne zwischen Fässern. Weil »es sich so besser zechen ließ«, tranken sie sogar später ohne Frauen. Zuerst waren sie, Marx der Hegelianer und Engels der orthodoxe Schellinganhänger, philosophische Erzfeinde gewesen. Freundschaft sollen beide während eines zehntägigen Gelages beim Rotwein geschlossen haben. Wir geben aber zu, daß Bier als »sozialdemokratischer Saft« eine nicht geringe Rolle spielte. So gab Engels in späteren Jahren jeweils nach einem Sieg der Sozialdemokratie einen Abend mit einer Tonne Bier. Doch zu Helmut von Gerlach sagte er im Juni 1894: »Die Sache wird mir nachgerade etwas teuer. Die Sozialdemokratie siegt jetzt zu oft bei den Nachwahlen.« Der Wein jedoch war für sie Lebenselixier. Stürmische politische Debatten wurden zusätzlich mit Wein auf der Höhe gehalten: »Trinken sie junger Mann« - mit dieser Aufforderung füllte Engels »mitten im heftigsten Disput mein Glas immer wieder mit Bordeauxwein an, den er stets im Hause hatte.« Vielen fiel es leichter beim Spaziergang mitzuhalten – »als das Schritthalten beim Glase Wein.« Marx schrieb an François Lafargue in Bordeaux: »Ich denke sogar selbst ein bißchen wie der alte Luther, daß ein Mann, der den Wein nicht liebt, niemals etwas Rechtes zustande bringt. (Keine Regel ohne Ausnahme).«

Marx sang trotz Schulden bereits als Student auf Saufgelagen sein »Gaudeamus igitur.« Wegen Trunkenheit und ruhestörendem Lärmen bekam er sogar einen Tag Karzer. Aus dem Kreis der »Berliner Freien« heraus wurde Marx selbst geraten, Ansichten seiner Saufkumpane ins Glas seiner materialistischen Weltbetrachtung zu füllen. Doch Marx dürstete es nur nach

Wein, und seine Ansichten holte er sich lieber aus der ökonomischen Wirklichkeit. So machte er es wie viele Studenten, neben den Saufgelagen setzte er sich mit Lehrmeinungen auseinander, zweifelte an eigenen Ansichten, debattierte in der Trierer Landsmannschaft und im Berliner Doktorclub. Aber ihm fehlten, obwohl seine Eltern Henriette und Heinrich bei Trier Weinberge besaßen, oft die Mittel für Wein. 1863, nach dem Tode seiner Mutter, vermerkte der »Ex-Weinbergbesitzer«, der »den Wert des Weins sehr wohl zu schätzen« wußte, daß noch fünf Fuder 1858er vorhanden seien. Auch wenn, wie damals bereits zur Endpreiserhöhung üblich, »Valdenaire, ein Freund von Karl Marx, tüchtig drauf los geboten« hatte, erbrachten die 4.800 Liter auf der Versteigerung 1864 nur 722 Taler. Engels, der angenehme, gesellige »privilegierte Zecher« mit ermutigendem Geistesgut, war als sein bester Freund und Kampfgefährte auch der Hauptweinlieferant für Marx. »Schick mir doch ein Kistchen Zigarren und eine Kiste Wein.« Ende 1862 bekam er zum Beispiel acht Flaschen Bordeaux, vier Flaschen 1846er Rheinwein und zwei Flaschen Sherry. Dabei legte dieser durchaus auf Güte wert. Grand Cru Classés aus Bordeaux liebte er sehr. Bitt- und Dankesbriefe um »Medizinbottles« sind faßweise überliefert. Wir »hoben die Deckel (der Kiste) ab ... machten uns daran, ihr Inneres zu prüfen ... beide Weine sind vortrefflich.« Der Portwein leistete »Großes an mir.«

Port und Sherry waren in England, wie auch in meiner winterkalten Heimat Ostpreußen, sehr beliebt. Engels übersetzte im »Don Giovanni« die erste Zeile von Leporellos Trinklied mit »Come, let us be merry with Port and Sherry!« (»Komm, laß uns lustig sein bei Port und Sherry!«) Für »Seine Bourgeoisbekannten«, die kaum etwas von seinem wissenschaftlichen und organisatorischen Engagement für die Ausgebeuteten

 166

kannten, »war er nichts als ein lustiger Kumpan, der einen guten Tropfen zu würdigen wußte.«

In den 1880er Jahren richtete Engels in seiner Londoner Wohnung für lockere »revolutionäre Bohemiens« des Sonnabends eine Tafelrunde ein. Dort trafen sich Menschen aus aller Herren Länder. Hier sangen »Der General und die Frauen« gern das alte englische Kneipenlied: »Wer guten Wein hat / Und doch sich nüchtern hält, / Ist wie das dürre Laub, / Das im Herbst zu Boden fällt.« Der Kehrreim hatte es in sich: »Komm Schankwirt, gieß den Becher voll / Bis zum Überlaufen, / Heute wollen wir fröhlich sein / Und morgen Wasser saufen.« »Wir hatten gut und viel getrunken.« Lenchen, von den Freunden Nimmy genannt, war um das Essen bedacht und vergaß nicht, in »ungezwungener Atmosphäre« den »Wein einzuschenken.« Engels staunte, daß er »das Zeug so gut vertrug.« August Bebel schrieb: Engels war »ein robuster Zecher, der über einen respektablen Weinkeller kommandierte und sich freute, erwiesen seine Gäste seinem Wein die Ehre.« Es geht die Rede, daß er kaum vor 2 Uhr des Nachts zu Bett ging. Lenchen selbst wußte jedoch nicht nur guten Rat in Sachen der Arbeiterbewegung, sondern auch den Becher zu heben. Sie war nach Marx' Tod bei Engels für sieben Jahre bis zu ihrem Tod ordnende Haushälterin.

Wer das Buch »Kommt an den Tisch unter Pflaumenbäumen« mit Liedern von Franz Josef Degenhardt auf Seite 103 aufschlägt, der sieht Marx und Engels wohlmeinend in der farbigen Grafik von Gertrude Degenhardt auf die mehr als heitere Trinkergemeinschaft schauen. Im Werk »Das sind unsere Lieder« prosten uns die beiden hellen Köpfe und sinnenlustigen Männer – »O Himmel, strahlender Azur« – zu Brechts »Ballade von den Seeräubern« zu. Sogar der preußische Konservative, Dr. Rudolph Meyer, meinte mit schwerer Zunge, er hätte nie gedacht, daß er sich »bei den revolutionären Kommunisten einen Spitz trinken würde.« Nachdem Kautsky mit dem bettlägerigen Engels zu dessen Geburtstag Champagner trank, erwachte Kautsky »am nächsten Tage spät und mit einem regelrechten Katzenjammer.« Dieweil Marx während seiner Zeit als Redakteur der »Rheinischen Zeitung« mit Karl Heinzen auf einer seiner Kneiptouren mehrere Flaschen Wein getrunken hatte, lockte er diesen in seine Wohnung und sperrte ihn ein. Heinzen mußte die Haustür aufbrechen, um sich zu befreien. Ohne ihre Frauen und Gefährtinnen sowie die treue Helene Demuth, die Haushälterin, gleichfalls aus der Trierer Ecke, wären sie nicht durchs Leben gekommen. Wer mehr über Engels »Sonnenschein« wissen möchte, lese von Heinrich Gemkow »Fünf Frauen an Engels Seite« sowie von ihm und seiner Frau Hilde zu Jenny »Vom Glück der Gemeinsamkeit.«

Die Töchter von Marx legten ihrem Vater und Engels bekannte seelisch herausfordernde Fragen vor. Der Feuerkopf Marx antwortete auf die Frage »Was ist ihre Auffassung von Glück? – Zu kämpfen!« Friedrich Engels dagegen schrieb: »Château Margaux 1848.« Wählte er diesen Wein, weil er im Sommer 1849 aktiv als Adjutant auf Seiten der Revolutionäre, die von den Februarereignissen 1848 in Frankreich inspiriert waren, gefochten hatte? Ich schrieb nach Bordeaux. Der Wein wurde bei herrlichem Wetter am 21. September als Spitzengewächs gelesen und gekeltert. Er ergab insgesamt 12.000 Kisten zu je 50 Flaschen. Broadbent fand 1987 bei einer Verkostung den wunderbaren Tropfen mitteltiefer Farbe noch sehr lebhaft bei erstaunlichem Duft nach Efeublättern und Siegelwachs, mit überraschendem Körper, köstlichem Geschmack und sogar noch bei gut passender Säure. Das Chateau schrieb: Die Engländer waren seine großen Liebhaber und die Antwort von Engels sei ihnen bekannt. Als ich im Mai 1999 mit meiner Frau Eva das Chateau besuchte, füllte man die Würdigung aber fälschlich Marx ins Glas. Engels bezog seine Bordeaux-Weine hauptsächlich von Ludwig Borckheim, einst ebenfalls Kämpfer in der Revolutionsarmee.

Karl Marx, nach Kaiser Konstantin der berühmteste Bürger Triers, Hegelianer, Geschichtsphilosoph, Sozialwissenschaftler und politischer Ökonom, fing knapp einhundert Jahre nach Montesquieu an, sich in ähnlicher Weise gegen die Unfehlbarkeit von überlieferten »Verwaltungsmaximen und Institutionen« zu wenden. Im Ringen um die Pressefreiheit begann er mit dem »Notschrei der Moselwinzer« seine ökonomischen Schriften. Ich behaupte keineswegs: Ohne die Moselwinzer und ihren Wein wäre Marx nicht zu seinem »Kapital« gekommen. Aber der Wein war auch hier Stein des Anstoßes: Denn, so Marx zu Engels, »die Erforschung der Lage der Moselbauern habe ihn angeregt, von der reinen Politik zu den ökonomischen Verhältnissen und damit zum Sozialismus überzugehen.« Im Jahr 1992 gingen in Mainz die Winzer wieder mit dem gleichen Notschrei auf die Straße: »Was wir ererbt von unserer Vätern, wird verwaltet von Verrätern!« Heute werden die Forderungen des Fiskus' und der EU von den Winzern mehr gefürchtet als die Reblaus. Die Weinheiligen rühren sich nicht. Milliarden Liter Wein kommen in den Ländern der EU nicht aus den Kellern. 2007 liegt ein EU-Beschluß vor, der wiederum einem Teil der selbständigen Winzer den Garaus machen wird.

Marx verwettete auch zwölf Flaschen Wein, daß er den 1. September 1865 als Abgabetermin für den ersten Band des Kapitals einhalten werde. Er hielt ihn nicht ein. Auch für die verspätete Herausgabe des »Manifestes der kommunistischen Partei« erhielt

Marx eine Verwarnung. Engels wollte sich »ohne alle Gnade bekneipen« sobald das Manuskript des Kapitals abging. Als Engels dann von dessen Versand erfuhr, schrieb er an Marx: »Hierfür trinke ich ein besonderes Glas auf dein spezielles Wohl.« Was die beiden nicht ahnen konnten, 2007 brachten Faber & Faber diesen Band das erste Mal illustriert mit Grafiken von Klaus Waschk heraus. Doch Marx sagte zu German Aleksandroviè Lopatin: »Wissen sie wieviel Kapital ich mit dem *Kapital* erworben habe? … Ganze 85 Mark.« Die Normalausgabe kostet bei Faber 65 Euro. Weil er »in der Übung im Denken« den »Wert der höheren … Bildung« sah, empfahl Einstein, die »Dialektik der Natur« von Engels zu veröffentlichen – was dann 1925 erstmals geschah. Engels übernahm neben seinen eigenen umfangreichen Schriften nach dem Tode von Marx auch die Druckvorbereitung der Bände II und III sowie die Neuauflage und Übersetzung des ersten Bandes des Kapitals. An dem Tag, an dem der III. Band fertig sei, »wird einiger Alkohol konsumiert werden,« war er sicher.

In den Werken beider spielt der Wein als Warenbeispiel eine hervorragende Rolle. So heißt es bei Marx in »Die Klassenkämpfe in Frankreich 1848 bis 1850« zur Weinsteuer: »Während sie die städtischen Arbeiter unfähig macht, den Wein zu bezahlen, macht sie die Weinbauern unfähig, ihn zu verkaufen.« Er meinte ebenso, daß »die politische Bewegung in England durch den Handelsvertrag mit Frankreich und die Einfuhr französischer Weine beschleunigt worden ist«. Mit der wohl mehr politisch gemeinten Kraftquelle kannte sich der rheinweinfröhliche Friedrich Engels aus. Seine Grundhaltung zu Politik und Wein fand ich auf einem Etikett: Würde in der sozialistischen Bewegung öfter ein guter Wein getrunken, wäre der Sieg zwar auch nicht rascher errungen, aber wir hätten entschieden weniger Durst. Versammlungen würden wohl ergiebiger verlaufen, wenn mehr Wein getrunken würde.

Nicht nur die Liebe zum Wein geht den Bach herunter, auch die Liebe zum Denken war den Herrschenden schon immer hinderlich. Trinken wir auf die passende Pisastudie. In der Revue der »Neuen Rheinischen Zeitung« schrieb Engels, angetan vom Verlauf der Bürgerlichen Revolution in der Pfalz, »daß eine Bewegung in diesem weinreichen und weinseligen Lande einen höchst heiteren Charakter annehmen mußte ... Die Herstellung der Kneipfreiheit war der erste revolutionäre Akt des pfälzischen Volkes. ... selbst der reaktionärste Spießbürger und Bauer wurde hineingerissen in die allgemeine Heiterkeit.« Was mir besonders gut gefällt, für Mohr und den General war »Heiterkeit die höchste Form des Geistes« und sie tranken bei Sieg ebenso wie bei Niederlage. Wer zu Letzterem nicht gewillt ist, der sitzt ja heute auf dem Trockenen.

Engels beschrieb in »Die Lage der arbeitenden Klasse in England« ebenfalls die unmenschliche Seite des »Elendsalkoholismus«, denn unter diesen unerträglichen Umständen muß »eine sehr große Menge der Arbeiter dem Trunk« verfallen. Diese Studie kam beim 1816 gegründeten Verlag Wiegand in Leipzig 1845 heraus. Weil der Herausgeber Meißner in Hamburg nicht die »gelehrten« Drucker fand, wurde ab April 1867 bei der Wiegandschen Druckerei auch der 1. Band des Kapitals gedruckt. Der familiäre Generationen-Verlag gab außerdem ungarische und polnische Freiheitsliteratur heraus. Wie das Leben so spielt, erschien bei Wiegand 1874 auch »Die Weintraube ... und ihre Anwendung zu Traubenkuren« von Dr. med. Knauthe. Leider fand ich nicht heraus, ob Marx und Engels bei ihren Kuren nicht nur auf Wein, sondern auch auf Trauben setzten. Allerdings traf Marx eine Bekannte von Ida Freiligrath in Bingen, die dort zur Traubenkur weilte. Doch mein

Exemplar wäre von den beiden sicher nicht gern gesehen worden. Es ist »Seiner Exellenz dem Herrn S. L. Oberhofmarschall wirklichen Geheimen Rat etc. etc. des Freiherrn von Friesen mit ausgezeichneter Hochachtung vom Verfasser« gewidmet.

Heute verdirbt die perspektiv- und arbeitslose Jugend beim »Komasaufen«, feiert Drogenpartys in wenig erfreulichen Quartieren, verfällt haltlosen Massenpsychosen im Discotaumel, hat bedenkenlos Geschlechtsverkehr, wie und wo es sich gerade ergibt, und sucht bei Neonazis fehlende Bindung. Mit zehn Liter reinem Alkohol je Kopf gehört Deutschland zu den fünf bis sechs Ländern mit dem weltweit höchsten Alkoholverbrauch. »Alle Maßnahmen, die gesichert gegen den Konsum wirken, werden mit ungeheurem Aufwand der Alkoholfirmen in Brüssel unterlaufen.« Von der kostengünstigen Lösung wußte bereits Peter Hacks: »Er sah noch eine ganze Nacht lang fern, / jeden Kanal und starb dann gern.« Als Quadratur des Kreises sind »gesunde Gehirne« noch bei Arbeitenden, allerdings nur im Arbeitsprozeß, erwünscht. Doch in den USA fliegen sogar Besoffene in den Kosmos.

Solche ins Leere laufenden Lebensformen entspringen eigentlich dem nackten Wunsch zu überleben. Aber selbst wenn man um die größten Probleme der Menschheit ringt, vermag man dabei, ebenso tief ins Glas zu schauen. Auf Engels bezogen, aber für beide gültig: Sie griffen nichts an, in das sie nicht Licht brachten: »unsere Sache, die steht nicht schlecht.« Ihre Werke erhellen die Gläser. Das Wichtigste bleibt wohl ihre Arbeitsmethode. Ich verdanke den beiden die Aufklärung über den Mechanismus der kapitalistischen Produktionsweise und meine Anregungen zum Gebrauch der wissenschaftlichen Arbeitsmethoden des dialektischen und historischen Materialismus. So mancher überlas, daß Engels »die Prinzipienreiterei«

172

für die »schlimmste Reiterei« hielt. Aber die meisten, die sich über beide auslassen, wenn sie denn in den Werken gelesen haben sollten, verstanden nichts. Studiert haben diese rechten Prinzipienreiter fast immer gar nicht. Sollten sie trinken, was uns erfreuen würde, könnte man annehmen, was weniger erfreulich wäre, daß sie mit »Alsheimer Rheinblick« um den Verstand gekommen sind. Das aber ist die Überraschung. Viele, die mit beiden kein Glas leeren wollten, ob sie es zugaben oder nicht, übernahmen mit großem Erfolg ihre Arbeitsmethoden, Ansatzpunkte und Erkenntnisse. Wer nicht nur auf kausale Zusammenhänge setzt, sondern die unermeßlichen gegensätzlichen Abhängigkeiten in ihrer Bewegung zu neuen Qualitäten sucht, der wird bei ihnen fündig. Allerdings die Abtrünnigen und Verleumder der Ausgebeuteten sowie »Hohlköpfe« hatten bei beiden, die ansonsten durch ihre »außerordentliche Liebenswürdigkeit« alle Bekannten bezauberten, nichts zu lachen. Wettern konnten sie und notfalls wiesen sie ungebetenen Gästen die Tür, dort wo der Zimmermann das Loch gelassen hatte.

Die leidenschaftliche Arbeitsbesessenheit von Marx forderte ihren Tribut. Kovalevskij erlebte 1875/78 in Karlsbad, daß er und Engels »mit mancher Flasche Rüdesheimer, dem er besonders zugetan war, die Diät sabotierten.« Selbst für den Bronchialhusten empfahl ihm Engels mehr als eine Sorte Wein: Waadtländer Ivorne, Roter Neuchateller, Schweizer Veltliner, petit Bourgogne, Macon und Beaujolais. Marx, bedrückt von seiner enthaltsamen Kur, suchte Trost bei Engels: »trink ein Glas auf meine Besserung.« Engels verfluchte diese enthaltsamen »Badekuren, wo auch nicht das Mineralwasser meist das Beste tut.« Er schrieb noch mit 73 Jahren begeistert aus Zürich von amüsanten Wiener Mädeln und beseligenden russischen Frauen »mit wunderbar leuchtenden Augen«: »Ich hatte das glückliche Los, aus den Armen der einen in die Arme der anderen zu fliegen. … Bebel dachte, er allein hätte ein Recht, sie zu küssen.«

Schon Aristophanes meinte um 424 v. u. Z. »du wagst des Weines erfinderische Kraft zu schmähen? Was fändest du, beflügelst mehr die Tat, als Wein?« Marx und Engels kann man deshalb nichts nachsagen. Trotz genauer Einzelbeobachtung, hielten sie das Ganze im Auge. Gerade den Erscheinungen, die von der Regel abweichen, schenkten sie nicht nur in der Wissenschaft ihre Aufmerksamkeit. Ohne Prüderie frönten sie ihnen auch im Leben. Den Blaustrümpfen sagten sie ihr Leben lang den Kampf an. Nur zu Weibergeschichten kam es kaum mehr. Sie tranken sich immer noch satt, doch »dort wo die Schönste ihr Schönes hat«, dieser Venusschaum verblaßte. Der Geist blieb, das »Fleisch wurde wellig«, jedoch Küsse, wie sie Bebel empfing, dafür hielten sie auch die Wange hin.

Marx hatte am Morgen seines Todes noch »Wein, Milch und Suppe mit Appetit genommen.« Wie Epikur, über den er promovierte, trank er vor seinem Tode noch »reinen Wein.«

Friedrich Engels, der »universale Gelehrte … ein Lebenskünstler in der edelsten und umfassendsten Bedeutung des Wortes … kühn ohne Ruhmredigkeit,« der sich nicht schlecht durchs Leben kneipte, beschloß zur wohltuenden Beruhigung das Nahen des Todes der »Kurpfuscherei der Ärzteschaft« in die Schuhe zu schieben. Dabei hatte er »in diesem letzten Jahr mehr Alkohol« getrunken, »als sonst in drei.« Gemäß der von ihm das ganze Leben meisterhaft geübten Dialektik kippt er noch Kognak in den letzten Humpen: »Nun, wir haben auf den hochgradigen Kräfteverfall und das stündlich erwartete Ableben diverse Flaschen geleert.« 1895 starb Engels: »So trinkt eine Flasche guten Wein dazu, solches tut zu meinem Gedächtnis.«

 174

Hermann Hesse

Hermann Hesse
(1877-1962)

Der Nobelpreisträger und meistverlegte deutschsprachige Schriftsteller fand schließlich sein Zuhause in Montagnola im Tessin. Es scheint, daß er in seinem Garten im Tessin der Sentenz anhing: »Helfen sie mir bitte nicht. Es ist schon schwer genug.« Doch »die Blumen machen den Garten und nicht der Zaun.« Er war im eigentlichen Sinne kein Emigrant. Aber der stockreaktionäre deutsche Ungeist ließ ihn 1904 auf Höri am Bodensee Zuflucht suchen und schließlich zum Schweizer Staatsbürger werden. Er, der Freund von Romain Rolland, mit dem er gegen Militarismus und Chauvinismus kämpfte, war auch von der orientalischen Kultur angetan. Den Nazis setzte er sein humanistisches Weltbild entgegen. In seinen Erinnerungen heißt es zur Jugend: »Nur aus selig verschlenderten frühen Jünglingsjahren herüber kenne ich, wie aus einem Traum, den Klang der Römer und das von Gelächter unterbrochene fröhlichfreche Geplauder einer jungen Tafelrunde.« Überhaupt sind Erinnerungen wie Laternen, sie erleuchten immer das, was wir bereits hinter uns gelassen haben. Aber auch im Tessin blieb ihm der Wein ein Freund. Nun gärtnerte er nicht nur dort gegen entmenschte Natur und sinnlosen Besitz, sondern ich fand in seinem ersten Erfolgsroman »Peter Camenzind« auch die schönste Prosa zum Wein. »Er vermag Unmögliches ... Er hat mich Einsiedler und Bauern zum König, Dichter und Weisen gemacht. Leergewordene Lebenskähne belastet er mit neuen Schicksalen und treibt Gestrandete in die eilige Strömung des großen Lebens zurück ... Seine Lieblinge aber lädt er zu Festen ein ... Die bekannte Welt wird klein und geht verloren ... Der starke süße Gott ... verwandelt die Wirrnis des Lebens in große

Mythen ... Er baut Regenbogenbrücken zu seligen Inseln ... und füllt arme Menschenherzen mit schönen und wunderbaren Dichtungen ...« Nicht nur Wein sondern auch Lesen wirkt lebensverlängernd. Hesses Versuch, mit seinem Freund Konrad Pfeuffer einen Wein-Baedeker der Schweiz herauszugeben, scheiterte. »Mit Wein und Buch ist es wie mit allen köstlichen Gaben und Künsten«, sie wollen »geliebt, gesucht, verstanden und mit Mühen gewonnen sein ...« Doch seine Dichtungen und seine Prosa lehnte der Freund ab. Hesse aber schreibt: »Allmählich unterschied ich die Weine und ihre Wirkung ... Schließlich fand ich am dunkelroten Veltliner einen Halt.« Ein Weißwein von Villenneuve »schenkte mir reiche, stillbeglückte Abende ...« Doch der Halt war so stark, daß er »mit dem Austrinken der Weine immer schneller als der Chemiker mit seinen Analysen war. ... Seither habe ich mich von experimentalwissenschaftlichen Studien jeder Art sorgfältig ferngehalten ...« So irrte Hermann Hesse durch »die wirre Nacht von Rausch und Wein, / Deren Lichter mir wie Geister winken.« Jedoch das Geld wurde knapp. Hesse mußte »wertvolle Stücke« aus seiner »sorgfältig geschonten Büchersammlung preisgeben.« Alkoholgegnern schrieb er ins Stammbuch: »... wo man einen Guten schenkt. Diese haben meine volle Sympathie, denn der Wein als Ausgleicher, Tröster, Besänftiger und Träumespender ist ein vornehmerer und schönerer Gott, als seine vielen Feinde uns neuestens glauben machen möchten.« Doch als er seine Erinnerungen schreibt, heißt es: »Über den Tisch geneigt sitze ich still und blicke in die dunkelrote Weinglut. Sie macht mich niemals froh, und dennoch tröstet sie mich wunderbar.

Ich sinne über mein ganzes Leben zurück und siehe ...« gab es »mir nicht Reichtümer, nicht Freude, nicht Heimat und Lebensbesitz?«

177

Joachim John

(geb. 1933)

Der Künstlerbube aus Böhmen redet nicht gern und wenn er redet, wird es mucksmäuschenstill. Er trinkt und ißt lieber gut. Wenn du bei ihm, dem »Dorfältesten von Neu Frauenmark«, im mehr parkähnlichen Garten am gastfreundlichen Tisch mit »Vitello tonnato – Kalbsfleisch und Thunfischsoße sowie mit pane pomidore – Tomatenbrot« und einigen Flaschen vorzüglichem Bordeaux sitzt, dann spürst du, was ich meine. Bei so »einem köstlichen Mahl. / Nach drei Bechern – / hochrote Ohren / Es ist schön, / so fröhlich zu sein / wie in der Jugend.« Sitzt du beim gefülltem Spaghetti-Kürbis, den Burkhardt Schaper auf den Gartentisch zauberte, dann gerät dir Joachims Neujahrsgruß ins Glas: »Ich weiß nicht was soll es bedeuten / daß ich nicht traurig bin / es gären giftige Zeiten / ich übe fröhlichen Sinn …« Fährst du mit ihm nach Dalberg in den Pappelkrug und ißt dort bei Elke und Jürgen Kalsow Zander, in Butter gebraten, dann, so sagt meine Frau Eva, weißt du, was erholsamer Genuß ist. John äußert, »dabei brauche ich (auch) für meine künstlerischen Einfälle Frischluft, freieieieie Frischluft«. Als er Grafiken zu Christoph Martin Wielands Garten schuf, heißt es: Dort genoß er »etliche Augenblicke lang die Wollust der vollkommensten Zufriedenheit mit sich selbst.« Er setzt hier Zeichen: »Auf dem Lande ist es sowieso am schönsten.« »Wir leben in der tröstlichen Natur … Ich brauche nur drei Schritte in den Garten zu gehen, und schon bin ich glücklich.« Wenn du dich Joachim John nähern willst, dann mußt du ihn im Garten suchen. Nun wird ihm auch die mecklenburgische Stille vermiest. Mich hält ebenso der Garten am Leben. Allerdings war ich bei John noch nie zum Sonnenaufgang, so daß es bei mir

Joachim John

aufflammte: »Woher so früh, schönes Mädchen?« Doch dieses Mädchen erwarben wir als Federzeichnung von Joachim John. In »La ultimo goccia« – Der letzte Tropfen – verlangt ein junger Mann im Weingarten, nicht dem des Herrn, sondern dem des liebreizenden Mädchens, dieses erlösende »köstliche Naß.« Diese mehr schamlose als amouröse Geschichte erzählt bei unzähligen Gläsern Wein ein junger Italiener einem verschreckten Priester. Die Federzeichnungen Johns haben es nicht nur in sich, sie versprühen in natura diese vom Wein herrührenden, dampfenden Ergüsse. Der venezianische Löwe mit bebenden Flanken seine Zunge schleckt, wenn er ihr Ambrosia schmeckt. Mein Sternzeichen: Der Löwe. Wie auch bei seinen »Aus- und Einfällen« stutzt ihr bestimmt über diese Zusammenhänge. Nur schrieb Joachim, nachdem ich ihm eine lange Flasche Weißburgunder Auslese sandte: »Die Flasche konnte gar nicht lang genug sein! Eine Kostbarkeit! Die Domina pries sie besonders. … Was für ein Leben.« Aus der urig lang gezeichneten Flasche tropft »La ultimo goccia. … der Frühling bläst.«

Großartig kann er zeichnen und malen. Er gehört einfach hier unter die Großen der Zeit und nicht nur, weil ihr noch mit ihm zechen könnt. »Gefälligkeitsgläschen« trinkt er sowieso nicht mit dir. Ein japanischer Zenmeister läßt uns wissen: »Wenn du in einer Disziplin Meister geworden bist, fange woanders wieder als Schüler an.« Nun wurde Joachim John auch im Geschichtenerzählen Meister. Von einem Meister verspricht man sich immer noch Bodenständiges und handwerklich Gekonntes. Wenn ihr seine Erzählungen, Theaterstücke, Hörspiele und Vorträge lest, dann berauscht Euch sein bissiger vordergründiger Humor und wie auf dem Papier malt hier der Wortfinder skurrile und sarkastische Begebenheiten bis hin zur Tollheit aus. Im »König Lear« von Shakespeare heißt es: »Von

Nichts kommt nichts«. Ebenda verlangt der Narr: »Mann soll nicht alt werden, ehe man weise ist.« John hat nicht nur Geist. Uns begleitet ein Sehender. Als die globalen Bankenkraken, schon von ihren faulen Krediten erdrückt, sich etwas erholend die DDR wiederverwendend verschlangen, sagte John als »Nostradamus« hohe Wellen der Gegenaufklärung, Zunahme von Gewalt und Aggressionskriege voraus. Störende und Unbrauchbare werden niedergemetzelt. Die Fortsetzung des II. Weltkrieges durch das Kapital öffnet den Osten – »Komm ins Offene, Freund« (Hölderlin) – wir verkaufen all' das, was die nicht brauchen und machen unseren Profit dabei. Aber »Der Imperialismus wird sich zu Tode siegen. … Wenn der Kapitalismus nicht siegen kann, ist er tot.« »Erschöpft« sagt er »nicht alles, was er weiß«, aber was er sagt, verstehst du. Es besitzt Hand und Fuß. John hält es mit Voltaire: »Das Geheimnis zu langweilen besteht darin, alles zu sagen.« Es gilt, wach zu bleiben, und so sind selbst die weißen Stellen auf seinem Zeichengrund nicht leer. Sie sprechen zu dir. In der Textausgabe des Mandragola von Machiavelli, dieser gesellschaftskritischen Mazeration der Pflanze der Liebe, spielt Glühwein als Toröffner eine entscheidende Rolle. Es gibt auch eine von Werner Stockfisch mit Kommentaren auf wundervollem Papier und im ansprechenden Druck herausgegebene Ausgabe ausschließlich mit herrlichen Reproduktionen seiner lavierten Federzeichnungen. John zeichnete mir, allerdings auf die nichtssagenden Leerstellen unter den Grafikreproduktionen der Textausgabe, jeweils einen weinseligen Zustand seiner selbst. Wenn auch ihr Grundcharakter mehr melancholisch ist, sie sind köstlich. Viele übernahm ich auf weiße Plätze meines gar nicht testamentarischen »Ein trunkenes Weintestament.« Also, wie kann saftigen Frauen bei trockenen Männern mit Schmiermitteln geholfen werden. John enthüllt die Betriebsgeheimnisse des geldgierigen Klerus, der hier mit höherer Himmelsfügung den fleischigen Bischofsstab in die vernachlässigte Einfahrt zur Pforte der via rosetta lenkt. »Alles Arschlöcher mit zuviel Geld!« Da mit Musik alles besser geht, wird zuerst einmal vom Harlekin mit der Mandoline Stimmung gemacht. Du aber fragst dich, ob nicht etwa John selber der Harlekin ist? Spöttisch begleitet und beobachtet er die Verrenkungen und besonders die Enthüllungen der Akteure. Auf alle Fälle schrieb er einst an Caro Alfredo: »Noch immer drückt mich die dicke (?) Muse Mandragola auf die Birne«(?) So beherrscht »der Weise die Sterne« und John entlarvt die Steinreichen in dieser erotischen Posse mit braungetönten, lüsternen Grafiken sinnenfroher Fleischeslust. Deine Lust, als »Liebhaber zur Bella Donna ins Lotterbett« zu steigen, wächst. Während sich heute an Wundermitteln für Kindersegen die Pharmaindustrie gesund stößt, begegnet John der Vergreisung zeichnerisch mit dem saftigen Traubenbohrer in höchst menschlicher, gern geübter, angenehmer Art. Ihr müßt wissen, er bewahrt noch Hunderte von diesen frivolen extraktreichen Bildern in den schattigen Schluchten seiner Schubladen. Wir erwarben einige daraus. Wenn Frauen da hineinschauen, könnten sie ein Kind bekommen. Allerdings können sich heute die Schönen, die keinen Mann mögen oder die mit unfruchtbaren Männern im Bett liegen, sich den Kindessamen tiefgefroren von Kyrobanken kaufen. John jedoch gehört eben nicht zu denen, die eiskalte Befruchtungen mögen und die da glauben, daß es gut sei, wenn die Menschen an Übernatürliches glauben. John zeichnet genüßlich ausziehend, warum denen alle Mittel heilig sind. So kommt der Klerus und ein stadtbekannter Mittelsmann zu Geld – heute erledigen dies geschäftige Vermittlungsdienste –, der Notar zum Kind und der Liebhaber ins Bett zu Lucrezia. Allerdings wird dem Gelegenheitsmacher die Verkupplung noch Spaß gemacht haben. In diesem Sinne heißt bei John ein Skizzenbuch auch nicht »Leda und der Schwan«, sondern »Leda mit dem Schwan«. Schwant Euch der Unterschied? Gerade an den Schwanereien erkennst du auch einen weiteren Unterschied zu den brutaleren, vulgäreren Erotika von Horst Janssen. Erotik hat mit Geist zu tun. John zeichnet unverblümte, derbe Lust als bloßes, ganz natürliches Verlangen. Ebenso bleiben ihm psychologisierte Liebesdramen oder Tragödien fremd. Doch in triebhafter »sexueller Mechanik« blitzt wie ein Diamant seine blühende Phantasie menschlich berührend auf.

John ist, auch wenn er manchmal vom Saufen sprach, weder ein Säufer, wie es der »Hinkepot« Horst Janssen war, noch ein Gourmet, wie es seine Hannoveraner Freunde und Förderer, die epikureischen Doktoren Burkhardt Schaper, Gero Alfred Schwalb und Thomas Pett, sind. Er trinkt nicht über den Strich. Er mag einfach seine Gläser und besonders gern, wenn er sie geschenkt bekommt. Er hält sich an Montaigne: »Die Deutschen trinken jeden Wein gern. Ihr Zweck ist zu saufen und nicht zu schmecken.« Ich »bin wohl zur Hälfte ein Deutscher«. Ja, welche Hälfte meint er? »Das zweite schmeckt immer besser. … ganz sicher das zweite Glas!« John ist unbotmäßig. Im Gegensatz zu dieser Gesellschaft ist er kein Konsument. »Oft erfuhr ich, daß man sich als Realist das meiste ausdenken muß.« Er produziert Bilder und das geschriebene Wort. Das Wort von Marie Antoinette, warum essen sie keinen Kuchen, wenn sie kein Brot haben, blieb ihm im Halse stecken.

John lernte von Fritz Cremer, Arno Mohr, Otto Niemeyer-Holstein, Hans Theo Richter und Gabriele Mucchi. Er begann seine Ausbildung bei Herbert Wegehaupt in Greifswald. In meinem Dienstzimmer hingen zwei Lithos von Cremer und eines von Mucchi. Über Joachim John wurden Mucchi und seine Frau Susanne Freunde von uns. Ich erwarb bereits 1961 auf einem Basar zum 1. Mai von Mucchi das fröhliche Paar »Arbeiter und Mädchen.« Ich finde es jedoch unangemessen, wenn man davon spricht, John illustriere die Werke großer Zeitgeister angemessen. Vielleicht liegt »das Rätsel der Gabe« auch ein wenig in ihm selbst. Er betont »übrigens nicht nur den Wein betreffend: Avanti dillitanti«. Außerdem nennt er sich gern: »Ich bin nur ein Kritzler«. Wenn andere nur so kritzeln könnten! John und die folgenden Künstler schließen an die Reihe von Goya, Daumier, Masereel und Grosz an. Da wäre noch der gar nicht so österreichische Österreicher, die »Jahrhundertfigur in der Zeichenkunst und Graphik« Alfred Hrdlicka, der aus der gleichen Flasche trinkt und der ebenfalls den Herrschern keinen Tropfen läßt und dem die neue »Deutsche« Akademie die Aufnahme verweigerte. Hrdlicka aber kennt kein Pardon. Wir kennen auch Gertrude Degenhardt. Bei ihr findest du im Liederbuch von Franz Josef Degenhardt, »he Väterchen Franz, versoffener Chronist«, Marx und Engels auf einer farbigen Zeichnung. Wir bekamen von ihr eine Radierung für eines meiner Lieblingslieder von Brecht. Wie von Ernst Busch gesungen: »Oh Himmel strahlender Azur«, sitzen die Trunkenen müde von der Welt. Vielleicht wäre da auch Jürgen Czaschka, der den Geist und auch die zeichnerische Kraft besitzt. Er verließ sogar das abgründige Deutschland. Doch das Unmenschliche der Herrschenden geriet ihm nicht so eindeutig unter den Stift. Mit diesen Künstlern frage ich mich: Was ist »zeitgenössische Kunst«? John illustriert nie und schon gar nicht »angemessen.« Der wohl mehr verschlossene Böhme setzt da, den Winden der Zeit zum Trotz, so manchem ein Licht auf. Seinen Gegnern fehlt die Puste, es zu löschen. Als wir am 14.6.2008

184

zur Ausstellungseröffnung im Panorama von Bad Fran-
kenhausen den Vortrag des Galeristen Brockstedt zu
Horst Janssen hörten, waren wir angetan. Daraufhin
zeigte ich ihm Arbeiten von Joachim John. Er stutzte
erstaunt und bekam die Adresse. Ich schrieb ihm noch
einen Brief. John verpaßte mir eins: »Du ... hast den
Galeristen nach John gefragt. Das ist zum quieken!!
Du hast den edlen, ausgebufften Edelstein–Diamanten–Händler nach einem Feldsteinstückchen gefragt,
über das er hätte latschen können (bemerkt hätte er
es unter seinen teuren Hamburgisch-Albionischen
Schuhsohlen sowieso nicht) ...« Janssen, meint John,
ist wohl, »trotz aller Mariniertheit ein GANZGROSSER
... Aber zwischen A und O, Janssen und John, liegen
Welten!« Der Galeristen-Atem war scheinbar zu kurz
und sein Vermögen zu hoch. Der Herr meldete sich
bis heute nicht!

Johns Strich ist unverkennbar voller »Empfindung
und Vorstellungskraft«. Eigentlich fällt es schwer, seinen kringelnden Linien zu folgen. Er macht es dir nicht
leicht, hinter seine schlingernden Netze zu schauen.
Du kommst ins Schwitzen. Du mußt den Grips schon
bemühen. Ohne Erfahrung bleibst du hängen. Doch
dies ist die Dialektik, die Konturen fügen sich zu einem
Gesamteindruck, der dich nicht nur gefangen nimmt,
sondern dir eine gewollte Klarheit schenkt. Alles ist
gegenständlich. »Um etwas spüren zu lassen, was
hinter den Dingen steckt, MÜSSEN DIE DINGE ANWESEND
SEIN.« Ich las von ihm: »Die abstrakte Malerei ist sehr
langweilig – sterbenslangweilig.« Ihm geht es nicht um
»die eigene Seele ... ungeschminkt: das interessiert
mich fast nicht. ... dies ausdrücken wollen, das halte
ich für Unsinn. Allem anderen soll man sich widmen,
dann wird sich auch die Seele zeigen!!!« Das individuelle Psychologisieren ist keine Rückbesinnung, wie
uns eingeredet wird. Sie ist Verengung. Der Mensch

lebt unter Menschen. Die individuelle Seelenmassage gehört zur Strategie des Kapitals. Es geht um unsere Entsolidarisierung. Wir sollen uns mit den niederdrückenden Verhältnissen abfinden. John ist nicht nur einfach gegen die Unmenschlichen. Er ist gegen die Verhältnisse, die sie hervorbringen. Er weiß, warum alles so blutgierig weiter geht, und er gehört zu denen, die nicht so weiter gehen wollen. Er zeichnet, malt und schreibt gegen den menschenfeindlichen »Lauf der Welt«. Er nennt das Grundübel beim Namen: »Denn niemandem gehören die Elemente, niemandem gehört der Boden, niemandem gehört das Wasser, niemandem die Luft und niemandem das Feuer allein. Versteht dies endlich … Behandelt meine vier als Gemeineigentum aller.« Ironisch vermerkt er, »Auch von der Kardiologie habe ich's ja schriftlich amtlich: Überdrehter Linkstyp.« John beginnt seine Rede zur Mucchi-Ausstellung: »Der Kommunismus ist der Teil der menschlichen Aufgaben, der von den Christen nicht gelöst worden ist.« »Die neue Landnahme« der alten Gutsbesitzer beobachtet er bissig aus seinem Fenster. Wenn du wissen willst, um welche geadelten Leute es da geht, dann lese von ihm »Katzow.« Versonnene Naturschilderungen und Federzeichnungen werden durch bissige Texte und Bilder ins linke Licht gerückt. Wer diese unmenschlichen Verhältnisse verinnerlichte, für den sind sie im künstlerischen Schaffensprozeß parat. Scheinheilig Monstranzen vorantragen, dies liegt ihm nicht. Denn »für Erfindungen darf man nicht denken, sonst kommt gar nichts raus, es ist dann gebastelt.«

Lies »In der Botschaft«! So erfährst du auch, warum er »mit einem Mal … einer der bedeutendsten Zeichner des Landes« wurde. John gehört zu den Menschen, die sich nicht nur des Lebens erinnern, sondern die bereits in der Jugend bedachten, was sie taten. Einst suchte er die Grenzsteine. Heute stolpert er wieder über sie. Dabei überquerte er zweimal seiner Eltern wegen in beiden Richtungen Grenzen, die Gesellschaften trennten. Die Haifische jenseits der Grenze, die er gerne zeichnet, konnten ihn nicht schnappen. Aber auf seinen Gemälden verschlingen sie vollbesetzte Boote. Wer sehen lernte, wie was warum geschah, der schaut und denkt weiter. Einer, der »fähig wurde (wird), dieses Leben zu meistern«(Brecht), der schafft bis ins hohe Alter und seine Phantasie versiegt nicht. Seine aufklärend auf Veränderung gerichtete Schöpferkraft schenkt ihm Lebensfreude. Goethe meint in den »Zahmen Xenien«: »Ein alter Mann ist stets ein König Lear.« Mit »König Lear« rüttelt Shakespeare »an der Gültigkeit der Ordnung« und überhaupt an der Zivilisation. Wenn Kronen von der Staffage fallen, hat das mit Gegenfahrbahnen zu tun. Die Schweriner Aufführung wurde 2005 vom Künstler Joachim John mit diesem reifen Geist grafisch aufs Papier gebannt. »So was würde ich gern meistens machen: im Theater den Schauspielern bei den Bühnenproben zusehen und vor Ort zeichnen.« Der Hallesche Kunstverein mit »Don Carlos« sowie der Winzerhof Gussek in Naumburg, vor allem mit den hocherotischen Zeichnungen zu »Mandragola« von Machiavelli, stellten den Künstler aus. »Die Moritat vom armen Infanten Don Carlos« gerät unter der Feder von John zur respektlosen Anklage gegen all die von Inzucht geprägten »sympathische(n) Verbrecher.« Mit ihm stößt du »in blühenden Landschaften« der »giftigen Geldwirtschaft« auf die »verbrannten menschlichen Gebeine.« Er verabscheut »schillernde Seifenblasen«. Ihm reicht nicht Gedanken- und Redefreiheit. Er will die »Freiheit zu Handeln! Gnade mit uns! [Wir sind das Volk!]« John aber schreibt selbst: Alle, »die ich umgehauen habe, leben noch.« 1985 wird es dir in »Szenen der Antike« menschlich warm und »Prometheus Ende« ist unser Anfang.

Der ehemalige Meisterschüler der Akademie der Künste in Berlin (beim klassischen Zeichner Hans Theo Richter) wird 1986 selbst Mitglied der Akademie der Künste. Als Sekretär des Verbandes der Bildenden Künstler führt er Anfang der 90er Jahre mit Heiner Müller die Akademie »nach vorne« in den vergoldeten Westen. So erfuhr John im vermenschlichten Zoo, wie gefährlich der »gute Mensch« geworden war und daß auch »Tiere keinesfalls bessere Menschen sind … sie haben »zu lange ausschließlich unter Menschen gelebt.«

Da ich 1997 ein Essay zu Händel über die »Kulturhistorischen Facetten aus der Weinflasche« schrieb, forschte ich nach dem Buch von Albrecht Franke »Erstarrendes Meer.« Ich fand es und schrieb an John. Er hatte die Grafiken zum Händel-Roman gestaltet. Ich erwarb die Zeichnung von Seite 61. Dazu bekam ich mit Widmung einen leicht betüderten Händel mit Weinglas in der Hand. Als unser Hallescher Komponist Georg Friedrich Händel (1685-1759) in Hannover weilte, hatte er oft unter seinem Fürsten, der ihn als Hofkapellmeister bezahlte, zu leiden. Wenn der nämlich hin und wieder doch seinen Amtsgeschäften nachging oder den Bürgern gerade mal die Scheiben einschmiß, bedrängten den schönen Händel eine bunte Menge lasterhafter fürstlicher Kokotten. Der konnte sich im Sündenbabel nur durch Saufen und Komponieren von Musik leichten Inhalts auf der Höhe der Lustbarkeit halten. Diese Art von Lustigkeit beim Wein und diese Tollerei mit schrägen Damen bekam selbst der Maßlose schnell über. Wir kennen dies von unserer so unterhaltsamen Gesellschaft. Die entsprechende Zeichnung findet Ihr in Band II der Facetten. So begann unsere Freundschaft mit Joachim John. Besiegelt wurde sie mit »Blauem Zweigelt« vom Winzerhof Gussek. John schrieb an meinen Sohn über die »nachhaltige«

Freundschaft, die nun schon jahrelang Gutes bringt: »Ihr Wein ist es sowieso.« Zum Manuskript der »Kulturhistorischen Facetten aus der Weinflasche« teilte er mir am 20. September 2003 mit, daß es ihm nach der »Gussekschen Großbataille... mit dem Thüringisch-anhaltinisch–orientalischen Feuerwerk zum Schlusse eher finster um die Birne wird.« Dann im Brief vom 1. Juli 2004: »Wieder Gussek über Nietzsche gelesen – gelacht! Sehr schön!« Da wird einer schon mal »ge- und verblendet«. Sage mir keiner, daß er dies nicht ab und zu mal braucht. Allerdings mag Joachim nicht das »Gequassel ... von der Scheißwelt«. So verdünnisiert er sich bei Ehrentagen und findet dann, wenn er das Klofenster offen ließ, doch manchmal was Berührendes auf dem Klodeckel. »Na nehmen wirn Schluck ...bevor Ultimo viene il carvo« – zuletzt der Rabe kommt.

Dann kommt sein Geständnis und er hofft, ich nehme es ihm »nicht krumm: Am Wein interessiert mich das Trinken - kaum, was darüber geschrieben wird.« Ich selbst trinke auch lieber, als das ich schreibe! Mich beruhigt, daß ich mehr Gläser trank, als ich Seiten schrieb. Jedoch benutze ich den Wein nicht nur zum Trinken und ich schreibe auch nicht einfach über ihn. Dies müßte Joachim eigentlich wissen. Mit dem Wein nähere ich mich den Menschen und ihrem Leben. Es gibt eben absolute, schwer verdauliche Wahrheiten. Die Wirklichkeit ist für den übergroßen Teil der Menschheit verderblich. Der Wein schließt den Menschen auf und ich nutze aufklärende Möglichkeiten. Ich nehme den Seitenhieb auf mich. Da sich die meisten in ihre Lage schicken, sollten wir sie nicht nur aufrütteln, sondern auch Verbündete suchen. Ich mag deshalb keine Attacken gegen freundschaftlich Gesinnte reiten. Sollte ihr Streben aus meiner Sicht auch noch so unvollkommen sein, ich möchte ihnen die Hand reichen.

Nun aber sandte ich ihm meine »Lustvolle Reise eines

Weinfreundes in die Welt der Bücher.« John ertrank sich eine sonderbare Geschichte. Der Freundeskreis »Membro d'onore« italienischer Kunst und Weine in Hannover lud John am 18. Februar 1998 als Gestalter eines Weinabends zur ordentlichen Mitgliederversammlung ein. Mit »Oh, wieviel Leeres gibt es auf der Welt« versenkte er sie alle in seinem Weinglas. Seine Vorlesung wurde in »Edith«, Nr. 100, Hannover 1999 von G. A. Schwalb veröffentlicht. Schließlich tranken sie auf ihn. Es war ein Gaudi geworden. »Oh, komm Geliebte, komm es sinkt die Nacht« und Joachim John, leider noch ohne Schmeichelkatz und wach: »Hier ist mein Paticcio improporzionato zu Ende, geklaut habe ich das Allermeiste von Karl-Diether Gussek aus Halle an der Saale; wo der pasticcieret hat, weiß ich nicht. Am besten, sie fragen ihn selber.« Jedoch ich sah alt aus! Ich durfte nicht mittrinken und der scharfzüngige Joachim John hatte etwas aus meinem Text gemacht, das mich erblassen ließ.

Joachim John lädt sich große Geister auf den Zeichentisch und die Staffelei. Arendt, Beaumarchias, Becher, Beethoven, Volker Braun, Büchner, Händel, Hölderlin, Kleist, Machiavelli, Heiner Müller, Leopardi, Garcia Lorcas, Schatrow, Schiller, Shakespeare und Verdi. Professor Lothar Lang verhalf ihm zur Ausstellung: »Joachim John sieht die Französische Revolution.« Es war 1989 in ihrem Jubiläumsjahr. Lang ist ergriffen vom zu erschließenden »Gedankenreichtum« sowie der »Kühnheit zahlreicher Bilder« seiner »politisch engagierten Kunst«. Gegen all das vorherrschende beschönigende Geschwätz holt sein Stift und Pinsel, auch wenn er ins Obszöne vorstößt, den Putz herunter. Joachim John und seine Großen kommen uns, ohne daß er seine unverwechselbare Eigenständigkeit aufgibt, wie ein Herz und eine Seele daher. Mit seiner Handschrift bringt er uns sogar ihre tief verborgenen

190

Gedanken auf Leinwand und Papier. Wenn du vor seinem in Rot und Grün gehaltenem Marat stehst, dann zieht es dich selbst über den Wannenrand. Die Hoffnung auf menschliche Verhältnisse ist erdolcht. Er schreibt: »Wenn Robespierre zur ›friedlichen Demo!‹ aufgerufen hätte, wären wir jetzt noch unterm Kaiser. Was einem großen Teil der Hiesigen lieber wäre. … Es bleibt wirklich fast nur Blauer Portugieser.« In Giacomo Leopardis »Der Froschmäusekrieg und seine Folgen: Der Krieg der Krebse und Mäuse« bekommt der satirisch barbarische Mäusegesang durch seine Grafiken, obwohl die Zeit der feudalen Restauration fast 200 Jahre zurückliegt, den unbarmherzigen Rattencharakter unserer überlebten gepanzerten Zeit.

Wenn ich unseren Freund Joachim John, den Maestro der bildenden Kunst und vordergründigen Erzähler, besuche und ihm zeige, was ich über eines seiner Bilder schrieb, dann nimmt er mich, ohne ein Wort zu sprechen, zur Hand. Wir steigen, mit der Mahnung, selbst kein Wort zu verlieren, auf den Speicherboden seines Niedersachsen-Hauses. Dort steht das Bild vom stürzenden Ikarus. Die Staffelei ist noch die gleiche. Das Bild, welch ein Wandel! Wenn es dort im Aufruhr der Zeiten steht, kann es niemals fertig sein! Er malt und übermalt den Ikarus. Er stürzt ab. Doch der Ikarus kann des Fliegens nicht müde werden. Herausgeschriene Wirklichkeit quält dich. Leidvoll malt er den unter dem Kreuz sich Bekreuzigenden. Die Niederlagen erdrücken dich, du sehnst dich nach dem »Prinzip Hoffnung.« Im Juni 1990 fährt er mit Rolf Schubert nach Vitt auf Rügen und sie malen mit seinem »Künstlervater« Mucchi nach dessen Entwurf in der Kapelle den Heiligen Christophorus aus. »Der Riese Christophorus soll das Beste in Gestalt eines Kindes herübertragen in die neue Zeit.« Die Last wurde ihm zu schwer und ein »anderer Riese vom anderen Ufer« … »säuselte, wie der Wolf im Märchen mit verstellter Stimme: Ich bin eure gute Mutter, die euch Gutes zu essen bringt.« Nicht nur die Allergien nahmen rasant zu. Die Lebensumstände verschlechterten sich rapide. Wir aber werden »weiter trinken … und versuchen, ein bißchen in Kunst zu arbeiten!« Wenn wir früher die »LPG für Unangebrachtes« waren, bleiben wir nun die »GmbH Innungsbetrieb John für kleine Brandstiftungen.«

Wer noch Herausforderungen des Lebens annimmt, der ist nicht alt, auch wenn er meint, »daß ihm allermeist bei der Arbeit nicht wohl« war. Es gibt eben Menschen, die kennen das Leben unmittelbar. Diejenigen, die ihnen den Elfenbeinturm als Domizil andichten, sitzen selber und wohl eingerichtet darin. John kennt die Schaukel, auf der Wenige oben sitzen. Die gegenüber sitzende, übergroße Menge hält sie in üppiger Luft in der Höhe. Er will ihnen die Luft nehmen! Die Reichen schwimmen wie der fette Rahm immer noch oben. John will sie verbuttern. Wenn du wissen willst, wie Geschichte sich im Gegenwärtigen spiegelt, dann überdenke »Neues aus dem alten Rom« von ihm.

Joachim verschlug es nach Norden. »Noch immer fließen die böhmischen Wasser nach Norden.« Wie ein Baum, der umgepflanzt wird, Joachims Wurzeln wurden wohl nicht gekappt – lies den »Bube(n) John« – sie wurden jedoch stark beschnitten. Für ihn ist »die Vergangenheit längst zur Vorstellung geronnen, die Distanz zwischen Damals und Jetzt hat genüßlich Wirklichkeit verschluckt und verdaut. Ich muß mit neuen Federn fliegen.« Welch eigenartige geschichtliche Verknüpfungen, von Böhmen strömte es schon mal nördlich. Als germanische Stämme aus allen nördlichen Richtungen nach Süden drifteten, zogen die Obotriten, wie auch Joachim, gegen den Strich, vom Süden gen Norden. Joachim kennt die Richtung, in die gebürstet werden muß! Als die Obotriten von diesseits der Donau ihren Weg ins heutige Mecklenburg fanden, war Böhmen die letzte überlieferte Region. Sie blieben nicht nur eine der beständigsten Völkergruppen. Sie machten die mitgeführten Rinder in Mecklenburg recht heimisch. Wenn auch Joachim was gegen Ochsen hat, sie gaben dem Land sogar das Stier-Wappen. Helga Kröger, Joachims Frau, betreute sie in großem Stil als Tierärztin zu DDR-Zeiten. Otto III., der am 10. September 995 die »michelenburg« als Stammsitz der Obotriten-Fürsten bestätigte und dies im Gefolge dem ganzen Land seinen Namen gab, unterzeichnete drei Jahre später eine Urkunde, mit der wir 1998 den 1000-jährigen Weinbau an Saale und Unstrut belegten. Joachim, das »Juwel in dine Kron«, min leiv Mecklenborg, trinkt liebend gern den Roten und die Auslesen von Saale/Unstrut. Der Obotritendruck in Schwerin ist nun dazu ein Förderer von John geworden. Mein ältester Sohn Andre und seine Frau Alexandra fuhren mit mir 2003 in den Norden zu John nach Neu Frauenmark bei Gadebusch. Wir brachten die Grafiken zur Ausstellung »Verführung der Toscana des Nordens« von der Galerie Kunst und Wein in Naumburg zurück. Es fand ein Abendessen mit reichlich Wein bei Johns Schwester Barbara im Nachbarhaus statt. Im Dorf stehen nur vier Häuser. Nach einigen Flaschen »Blauen Zweigelt« hörten wir undenkbare Kuriosa. Joachim John öffnete sich und erzählte voller Poesie von unwahrscheinlichen Tagen des Buben in Böhmen. Ihr könnt es euch auch aus vorangegangenen Erzählungen und aus seinen Zeichnungen erschließen.

Nach einer Weile löste sich, angeregt durch den Wein und seine bildhaft eindringlichen Geschichten, meine Zunge. Ich wurde einst bei Minus 20 Grad befehlsmäßig von Insterburg über Elbing und Pillau durch die eiskalte Ostsee »Heim ins Reich« nach Wendorf bei Brüel geschifft. Durch gute Deutsche wurde ich nach einem Jahr Wendorf fast vier Jahre in Torgau, Bautzen und Sachsenhausen in Väterchen Stalins Pensionen gewiesen. Joachim schrieb am 14. September 2003: »Bin ganz hingerissen worden, und noch rauscht mir der Nachhall um die Ohren von Deinen Berichten vom Kriegsende und der Zeit danach.« John kam zu uns, nahm meine Aufzeichnungen und holte poetisch-prosaisch meine Zeit von 1944 bis 1950 noch einmal mit »Karol durch den Dornwald ging« ans Licht. Bei seiner dichterischen Arbeit störte ihn, obwohl er einiges gewohnt ist, nur der krasse Realismus.

Als ich mein »Trunkenes Weintestament« in die Flasche goß, sagte er mir spontan zu, es mit Vignetten zu bereichern. Er versprach: »Volle Pulle!« Er sandte mir im Rausch der Kunst eine aufmunternde Grafik mit dem Wunsch des »Wandsbecker Bothen« von 1775:

> *Dir wünsch ich Wein und Mädchenkuß*
> *Und deinem Klepper Pegasus*
> *Die Krippe stets voll Futter!*
> *Setz Du den Becher fröhlich an.*
> *Das Trinken hat stets gut getan*
> *Schon an der Brust der Mutter.*

Im Brief vom 31. März 2005 riet er mir zu einem kurzen, einprägsamen Titel und stürzte mich mit 20 Vorschlägen in Verwirrung. Seine vielen mitdenkenden Empfehlungen halfen mir wieder auf die Beine. Unser Freund Joachim John gab diesem trunkenen Testament mit seinen Grafiken den eigentlichen Schliff. Zum Glück ist »Ein trunkenes Weintestament« mit 190 Grafiken von ihm fast eine bibliophile Ausgabe geworden. Cornelius Hahn und Frau Armster vom Projekte-Verlag bin ich ebenfalls sehr dankbar. Wie wohltuend, daß John keine Illustrationen schuf. Vielleicht rief der Text solch eine Stimmung hervor, die ihn zu den grafischen

Grotesken anregte. Sie ermöglichen, unser Dasein heiter und mit Abstand zu betrachten. Wir schauen auf Lebenspralles. Erotik und Wein springen als sinnliche Erregung auf den Verstand über. »Was ist des Lebens höchste Lust? Herr Wein und Fräulein Mädchenbrust«. Diese Antwort gab mir Joachim John 2004 grafisch, und zwar mit dem Wink, daß sie bereits 1794 Perinet fand. Ich plätscherte als Fotokopfmontage in trauter Zweisamkeit in einer Badewanne, umgeben mit lauter leergetrunken Flaschen. Adam reichte schon ein Apfel für die Schönheit. Wer erfuhr es nicht, wie mit seinen zwei Begeisterungsknöpfchen so ein prahlender Blusenspanner zum glücklichen Handanlegen reizte? Die Bilder leben und sie beleben uns. Obwohl – welch eine Phantasie – kein Bild dem anderen gleicht, sie wirken in sich geschlossen. Jede Grafik eines anderen Künstlers würde als Fremdkörper wie ein Mißton nicht dazu gehören. Ich beobachtete, wenn jemand das Büchlein in die Hand nahm: Sie sahen die von Johns Grafiken geprägte Gestalt. Sie zieht den Betrachter in den Bann. Der Text tritt zurück. Professor Lothar Lang fand: Die Grafiken »ziehen sich als Bilderstreifen axial durch das Buch. ... Hier tobt sich John freizeichnerisch aus. Wein und Weintrinken inspirierten zu den kuriosesten Zeichnungen, die wie eine zweite Stimme zum Text eingesetzt sind. Eine bessere Ergänzung kann ich mir nicht vorstellen. John auf der Höhe seiner Zeichenkunst, epigrammatische Heiterkeit, wie ich sie so in unserer Buchkunst kaum kenne. Der trinkende John in der eingeklebten Federzeichnung der Vorzugsausgabe. Wohl bekomm's!«

Nun gibt es ebenso Landschaften von ihm, in denen stimmungsvoll die Häuser dem Wind trotzen und die Fischer ihre Netze ordnen. »Alles roch nach nassem Kraut und Vergänglichkeit.« Als ich vom Norden nach Berlin geriet, war das erste, was mir fehlte, jener nördliche Wind. »Wenn ich draußen in der Natur zeichnete + radierte«, dann »fühlte ich mich gut.« Als »Spanschachtel-Anmaler« versucht der kulturell Belastete mit brauntoniger »wunderbarer Natur« seine finanzielle Existenz zu sichern. »Einkommen – mau, mau.« Er hofft, »daß dann manchmal jemand was kauft.« Aber »die kauft auch keiner.« Finanziell benötigt heute ein Künstler, und besonders einer mit diesen Auffassungen, einen kräftigen Schub. Er hat ihn und kommt so über die Runden. Frühere Reisen in den Kaukasus (1965), nach Kolumbien (1982), Rom (1993) und Bornholm führten zu zeichnerischen Höhepunkten der Landschaftsmalerei. Ich dachte, du mußt bereits dort gewesen sein.

John hat es sich schwer gemacht mit seinem »sozialen Gewissen.« Mit seiner menschfreundlichen Kunst und der eindeutigen Kritik an unmenschlichen Verhältnissen wird ihm offizielle Anerkennung recht selten zuteil. Um solche Kunst zu entschärfen, bedienen sich die Herrschenden zweier effektiver Methoden. Totschweigen oder aus dem hohen Künstler einen Unterhaltungskünstler, einen der massenverführenden Spaßmacher zu stilisieren. Allerdings dürfte sich bei Johns hohem künstlerischen Anspruch schwer der Geistesakrobat finden, der einen, der sich nicht anpaßt, passend macht. Man kann es einfacher haben: »In nichts auffallen.« Oder im Karton wird alles zum Mäusefraß. »Ich entdeckte ein Mäusenest! Kleingeschrotete Kunst und dunkelbraun reingepißt.«

Der Freund steht einer Laudatio mehr als mißtrauisch gegenüber. Wie ließen ihn deshalb meist selbst zu Wort kommen und enden mit ihm: »Nach zehn Jahren lebhaftem Durcheinander, darunter Abitur, Arbeit im Hydrierwerk Rodleben, Bühnenhandwerker in Dresden. Studium der Kunsterziehung in Greifswald und des Schauspiels an der Theaterhochschule Leipzig nicht zu

Ende gebracht. Zehn, fünfzehn Kunstpreise für Grafik, Mitglied der Akademie der Künste, Zeichnungen und grafische Blätter von fünf Quadratzentimetern bis zu Panoramen von hundert Quadratmetern voller Figuren, Mappenwerke, illustrierte Bücher, Erzählungen sowie Hörspiele, Theatertexte und Gedichte. Stets eingenommen vom Denken mancher Leute und vom Unvermögen der anderen. Spaß am Konstruieren trotz Naivität. Streben nach dialektischem Betrachten. Im Wissen um die Leichtigkeit des eigenen Stolperns und Strauchelns beherztes Auftreten und unbekümmertes Behaupten gegenüber längst Gesagtem. Zusammengepicktes Wissen oft ungeschluckt aus dem Schnabel wieder in den Wind gestreut. Das Object trouvé lediglich weitergeschnipst. Mir erscheint alles Ungesagte und bereits Gesagte, alles Wildgewachsene und Gezüchtete – alles zusammen – noch unbeschrieben.

Der Absturz, den wir erlebt haben, wird nicht der letzte sein, nur der letzte zu unseren Lebzeiten. Vorher aber wird wieder geflogen! Ob wir das wollen oder nicht. Wir haben ja diesen Abflug so auch nicht gewollt. Das Spiel ist völlig ungefährlich, weil mit Ölfarbe. Aber leider spielen völlig unkünstlerische Mächtige wegen Öl herum. Und das ist zur Zeit bedrohlich. Ich spiele nur in der Phantasie meiner Meinung. Alles, was ich meine, kann auch ganz anders sein.«

Auf seinem Tisch liegen Zeichnungen zum Sonett 66 von Shakespeare. Erschreckendes! Warnt der Tod, von Bewaffneten ermuntert, die Herrschenden? Kronen purzeln. Oder: »Wir rufen ja den Tod herbei, weil die Welt so beschissen ist.« Vielleicht stirbt man letztlich an diesem Ekel? Der Tod als Freund, der den Notausgang hinter dir schließt? Die gewählte Rufnummer ist besetzt. Man erschaudert! Todesfurcht? Wenn der Künstler John mit dem Tode rauft, ringt er mit dem Leben.

»Na, vorher trinken wir noch was und halten die Ohren steif«, … heißt es in seinem Brief von Pfingsten 2004. Die vielen Zeichnungen in seinen Künstlerbriefen, in denen er mir das Glas zum Wohle entgegenhält, geben »Hoffnung der müden Welt.« Und Joachim hofft, daß er »vielleicht von Beruf ein Briefeschreiber sein könnte, ach, wäre das schön! Ich dürfte die Empfänger mit ausgedachten Nachrichten, Empfindungen und Injurien beschenken, die den Absendern fernliegen, usw. – ja mit ›Wahrheit‹ und ›Realismus‹ ist in den Künsten nicht viel zu machen …« John zitiert Mucchi:

Die Tatsachen gehen weiter
nach rechts,
aber die Ideen (die
anständigen, die vertretbaren)
sind alle links.

»Wenn alle alles wüßten / wären alle Kommunisten.« John zeigt uns, man kann wohl ein Kunstwerk empfinden, ohne die Gesetze der Ästhetik zu kennen. Jedoch der Genuß steigert sich für den, der sie kennt und wenn das Kunstwerk einem das gesellschaftliche Ganze erschließt. Das »reine« Kunstwerk spiegelt die Blöße von Gedanken wider. Wir denken an Lessing: »Die größte Klarheit war immer die größte Schönheit.« Einige Wissenschaftler meinen, daß Geist nur das Trommelfeuer der Synapsen sei. Wer hat aber vorher auf sie getrommelt?
Der Künstler wird nie alt sein, der von seiner Arbeit ergriffen ist.

Lieber Joachim, man ist so dankbar für jeden Tag, der einem noch geschenkt wird. Wir fliehen nach vorn! Zeichne nur!

»Trink jetzt! Bist du erst tot, ist es zu spät.« (Omar Chajjâm)

Pablo Neruda

Pablo Neruda
(1904-1973)

»Die Zeit der Trauben, Zeit voller Reife und Frucht.«
Wenn wir nur mit europäischen Weintrinkern zusammenzechten, auf den Lyriker, Aufrührer und Nobelpreisträger (1971), Sohn einer chilenischen Lehrerin und eines Lokomotivführers, sollten wir uns besinnen. Er schloß »Puschkin und Karl Marx, Bach und Hölderlin, Lord Tennyson und Majakowski in die große westliche Kultur ein.« Er übersetzte Shakespeares »Romeo und Julia«, dieses »große Plädoyer für den Frieden unter den Menschen.« Neruda, mit dem ursprünglichen Namen Ricardo Eliezer Neftali Reyes Basualto, liebte das Leben und den chilenischen Wein aus den »zuckerstrotzenden Weintrauben«, ... »der aus dem Faß herabrinnt / wie von einem Vulkan das sanfte Feuer.« »Von dorther stamm ich, aus jenem / Parral der bebenden Erde, / traubenüberladenen Erde, / die da aufsprießen / von meiner toten Mutter her.« Die Großeltern rackerten sich dort noch als Weingärtner ab, so gefiel ihm »der heisere Gesang der Männer des Weins.« Die Geborgenheit des Menschen und sein so voller Menschenfreundlichkeit von »Musik und Salzluft durchtränkter ... Aufenthalt auf Erden« lagen ihm am Herzen. »Ich will nicht, daß wieder Blut / das Brot aufweiche ... ich will ... den Wein trinken, den rotesten Wein.« Ich will »die Hüften der Mutter schützen.« Sein politisches Leben, ganz besonders ab den 30er Jahren, beflügelte seine Poesie, die er uns manchmal im strengen Versmaß und dann wieder im freien Wort singt. »Die Mühle der Formen« löst er zu Staub auf. »Die beiden großen Ströme der Dichtung sind die Tradition und die Revolution.« Er nutzte für den Kampf um menschliche Verhältnisse Kunst in ihrer besten Vollendung. In einer unauslöschlichen »Woge von Duft und

Licht« umfaßte seine außergewöhnliche Ästhetik den Menschen in seiner Natur und seiner Verbundenheit mit dem Meer, dem Wald, den Wiesen, Feldern und den Weingärten. Ja, er schmeckte geradezu das Meer, die Wiesen und Felder, den Wald und die Berge, die Früchte und die »Weinbeere meines Volkes«. Sie gehörten bei ihm immer dem Menschen und zum Menschen. »Leben, / du bist wie ein Weinberg: / Alles Licht speicherst du und verteilst es, / umgewandelt in Trauben.« Neruda wußte, daß Menschen nur unter Menschen leben und sie deshalb zugleich als politische Wesen ihr Leben gestalten. »An jedem Ort fand ich / Brot, Wein und Feuer, Hände / und Zärtlichkeit. … Geöffnet sind meine Hände / die die Trauben verteilen / im Wind« Er zog sich trotz »geheimnisvoller Meertränen« auf unserer »Erde, die nun mal keine rundlich glänzende Traubenkugel« ist, nicht auf die »Inpsychokastration« zurück. Was Hans Heinz Holz zu Peter Hacks äußerte: »Es gibt keine Arbeiten dieses Mannes, die nicht politisch sind«, gilt für ihn. Die »Leerläufer«, die uns das Gegenteil einreden wollen, verschwimmen im Nichts. »Es ist klar, daß die Feinde der Poesie immer darauf aus waren, ihr einen Stein ins Auge zu werfen oder ihr mit dem Knüppel den Genickschlag zu versetzen.« In seiner Rede zur Verleihung des Nobelpreises bekannte er: … »daß die Poesie eine Handlung ist, … in die zu wohlausgewogenen Teilen Einsamkeit und Solidarität eingehen müssen das Gefühl und das Tun, die Vertrautheit mit sich selbst und die Vertrautheit mit den Menschen und die geheime Offenbarung der Natur.« Wie Becher berührt uns seine Poesie mit »O Urlaut des Gedichts: Melancholie!«

Was liegt wohl im Werdegang des Weines? »Weiter lebte der Wein, / bis hinauf zu den vom / Herbst, dem schweifenden, / abgebeerten Trauben, / bis zu den dumpfen Keltern / und Fässern hinab stieg er, / die sich färbten mit seinem milden Blut, / und dort unterm Entsetzen / der schrecklichen Erde / verbleibt er nackt und lebendig.« In seinem »Statut des Weins« singt er: »Wenn auf Erdstriche, wenn auf Opfer / dunkelviolette Flecke wie Regen fallen, / öffnet der Wein die Tore voll Erstaunen; / und in die Zuflucht der Monate aufsteigt / sein Leib mit roten eingetauchten Schwingen.« Er sang »die Poesie nicht vergeblich.« Auch für mich waren er und seine Worte ein Gefährte über die vielen Jahre meines Lebens mit Wein. Er hinterließ unvergeßliche Spuren. 1951 auf den Weltfestspielen der Jugend sah ich ihn in Berlin. Ich fühlte mich wohl unter Menschen, die Menschen sind. Der Wein von Chile schmeckte mir »und aufblitzt / der Augenglanz / des Weins.« Die Worte Nerudas gaben mir Kraft, um dem sozialisti-schen Humanismus ein Haus zu errichten. Als es vom Geld vergiftete Größenwahnsinnige in Scheiterhaufen zu zerstören suchten, bewahrten seine Verse meine Heiterkeit. Seine Poesie schürte meinen Haß auf die »Wölfe von New York ... ohne andres Gesetz als Folter« und auf die Inquisitoren, die aus Luxusvillen kommen und selbst den Geist platt machen. »Rot war die Saat deines lebendigen Herzens.«

Pablo Neruda weinte über das Elend der Zeit. »... eine Träne rinnt den ganzen goldenen Rhein hinab, / wo die Süße der Loreley nicht mehr lebt, / eine Träne durchtränkt die aschfarbenen Reben, / auf daß auch der Wein Geschmack von Tränen habe.« Heute erben wir deinen Kummer. »Die Dinge aber gehen vorüber, und aus der Tiefe / der Erde wandelt der Frühling.« Wie Pablo Neruda, mag ich jene nicht, »die sich leichtfertig den weltweiten faulen Kompromissen der Feigheit an-schließen ...« Ich bin tief betroffen von Großen unter Kommunisten, die zu Knechten des Kapitals wurden. Mit Pablo Neruda werden wir wieder den Schlüssel finden, den man uns entwendete. Sein Werk ging mir unter die Haut. Obwohl mir der Abend dämmert, ich will »niemals zum Gefährten der Abenddämmerung« werden. Ich will, wie Neruda, das Licht der Morgendämmerung. Ich frische »die ersten Küsse des Frühlings« auf. »Von der Sonne fällt eine Traube auf dein dunkles Kleid.« Ich meine mit ihm: Durch unsere »Fenster wird die Nacht nicht eintreten.« Ganz Poet, »(ich will), daß du mit mir singst«, war er Bewahrer der Menschenwürde. Er stellte sich im weltweiten Kampf der Klassen auf die Seite der Unterdrückten, Ausgebeuteten und Erniedrigten. Ihn beunruhigten die Abermillionen Gedemütigten und Hungernden unserer Erde und nicht der Hunger der Banken nach Geld. Die Verdurstenden standen ihm näher als der eigene Durst nach Wein. An der Seite seines Volkes in Chile, »wo die Weinstöcke ihre grünen Mähnen krausen, / die Traube vom Lichte sich nährt, / der Wein unter den Füßen des Volkes entspringt« und an der Seite der Völker der Welt schuf Neruda sein Werk. Es selbst war elementar wie Brot und Wein. 1953 erhielt er den Lenin-Friedenspreis. Wir singen in Europa und Asien von ihm verfaßte Verse, wo er sich ebenfalls lange Zeit seines Lebens den leidenden Menschen zuwandte. Sie »säen aus das Brot, das sie morgen nicht besitzen, / sie streiten über Hunger und Gefahr.« Er lenkte nicht in irgendwelche »selbstbezüglichen Zeichensysteme« ab. Neruda vermied, ohne auf Träume zu verzichten, Politisches durch Ästhetisierendes zu ersetzen. Mit der Dunkelheit von Versen schockte er uns. Er verlangte, daß wir seine Bilder weiterdenken und uns neue sinnliche Welten erschließen.

Wem es um seine aufrechte Haltung geht, der lese seine Rede »Ich klage an«, die er am 6. Januar 1948 vor dem Senat der Republik Chile hielt. Wie bedrükkend, diese Rede könnte heute in vielen Ländern der Welt gehalten werden. Neruda verlor durch sie sein

Vaterland. 1949 auf seiner Flucht über die Anden vor dem Verräter Gabriel Gonzáles Videla und vor dem Haftbefehl des Obersten Gerichtes hatte er außer seinen Kleidern auf dem Leib nur eine Kopie des »Großen Gesangs« und zwei Flaschen Wein im Gepäck.

Anna Seghers und Stephan Hermlin brachten ihn uns ab 1946 in der Ostzone und später in der DDR nahe und Erich Arendt (1903-1984), ein Spanien-Aktivist, sowie seine Frau Katja Hayek Arendt, eine Mittlerin zwischen den Kulturen, beglückten uns mit schöpferischer Nachdichtung von Nerudas Poesie. Erst 1963 erschien bei Suhrkamp die erste Neruda-Edition. Neruda war Künder seines Landes als Emigrant sowie auf seinen vielen Reisen und als Konsul in Rangun (1927), Colombo (1928), Batavia (1930), in Buenos Aires, Madrid (1930), Barcelona, Paris und in Mexiko-Stadt (1940). Mit seinem »Großen Gesang« über »Heimat, Liebe, Wald, Regen und Meer« und dem herrlichen Wein verstanden wir nicht nur sein Südamerika, sondern ebenso unsere Heimat. Neruda weigerte sich, »Theorien zu kauen« ... Ich verteidige den armen, ausgebeuteten Menschen« und trinke mit einem Salut ihm zu Ehren den Wein. Er engagierte sich für die spanische Republik und kämpfte gegen die »grämlich stinkenden Hunde« der faschistisch geprägten Hochfinanz. Spanien »dein herber Wein, dein süßer / Wein, deine betörenden / und zarten Reben« wurden von bestialischen Bombern, darunter auch von Deutschen, getilgt. Ich hasse eine »Welt, die ihre Helden allein sterben läßt.« Da blieb »keine Wurzel für den Menschen«. In seinem Haus in Spanien fanden die von Franco Verfolgten Unterschlupf. »Man nannte mein Haus / das Haus der Blumen, denn überall brachen Geranien hervor,« doch »eines Morgens brechen Flammen aus allem.« 2000 spanischen Flüchtlingen ermöglichte er die Auswanderung nach Chile. Er ret-

204

tete sie aus dem Elend. Die »himmlisch erglänzenden Trauben« und die »zusammenklingenden Gläser voll Wein …« blieben ihre Sehnsucht. Er freute sich, als die mit »blutigem Schlamm bespritzten« Faschisten in »Stalingrad verstummten.«

Neruda liebte den Wein und die lateinamerikanischen Kostümfeste und wünschte jedem sein Glas Wein. Dazu begrüßte der Kommunist (seit Juli 1945 Mitglied) in »Die Trauben und der Wind,« meist in Capri geschrieben, sozialistische Wege der Menschheit. Im eigenen Land stand er an der Seite von Präsident Allende, als es um ein sozialistisches Chile ging. »Die Rückeroberung unserer Bodenschätze, der Erde und der Würde für unsere Bauern – das verletzt unsere Feinde, die die Feinde aller Völker sind.« Als erkrankter Diplomat führte er in Paris für die Unidad Popular zermürbende Prozesse gegen vertragsbrüchige Konzerne.

Mit Miguel Angel Asturias (1899-1974), dem Guatemalteken, besuchte Neruda »Ein Land das schmeckt« und sie tranken den »Sonnenschein Ungarns, den Wein, der das Leben verlängert.« Sie suchten »auf der Erde den glücklichen Tisch! Suchen wir den Tisch, an dem die Welt essen lernt. Sie wird essen, trinken und singen lernen. Suchen wir den glücklichen Tisch.« Wenn die beiden an reich gedeckten üppigen Tischen saßen, vergaßen sie nie, daß viele, um ihr Leben zu retten, Karges nur hungrig essen und abermals viele an Hunger noch dazu sterben werden. »Gesegnet sei der Ungarwein. … die Ungarn wissen, daß zusammenleben – zusammen essen heißt / … Mit Tokajer-Flaschen in den Händen, laufen die frischen, schönen, gutgelaunten Mädchen umher, … eine Glocke voll Trauben« im Haar. »Und in den großen Augenblicken der Liebe und der Besinnung sehen wir einander an, festigen unsere Freundschaft mit mächtigen Pokalen.« Auch hier fand er »die hungrige / reine / Blume / der Begierde

…« Die »Liebe des ersten Lichtes der Frühe … O Liebe von Leib zu Leib« … die neue Liebe, gerade entdeckt, / …« regte mich an, »in mir den Frühling fortzusetzen.« »Mein saurer Wein wird süßer, kommt er zu deinem Mund.« Mich betörten »deine weißen Hände, sanft und glatt wie Weinbeeren.« – »Ah, die Becher der Brüste! Ah, die entrückten Augen!« Hier liebe ich die »rosenfarbene Vereinigung ihrer Schenkel, wo / ihre Scham mit nächtlichen Wimpern … zwischen Atemstößen geschüttelt und Seufzern, … schlägt.« – »Ich liebte sie, und manchmal hatte auch sie mich gern. … Sie liebte mich, und manchmal hatte auch ich sie gern.« Neruda empfand nach der Stillung von leidenschaftlichem erotischen Verlangen: »Wir haben Zeit verloren, aber Leben gewonnen.« Unser Herz füllt sich: »Dem leuchtenden Tokajer bring ich / meines Liedes Becher dar / …O Wein, du heller Wein, / du friedliches Geschenk / turbulenter Zeiten! / … die Erde und sie / barst vor Pein und Qual, / Blut und Tränen ergossen sich in die Risse. / Preis und Ehre deinen Trauben! / … Sturm so oft in deiner Traubenbrust, / nichts, nichts vermochte / den goldenen Faden deiner vielen Lenze / zu zerreißen. / … Oh, bring, Tokajs duftenden Wein, / bring in mein ungestümes Herz / den Sinn des Lichts: / schaff Ordnung in meinen Fiebervisionen. / … Nackter Sohn der Erde, schenke / deine Wurzeln meinem Lied, / und dein himmlisches Ergebnis / meinem Mund.«

Neruda starb in Isla Negra am 23. September 1973 zwei Wochen nach seinem Freund und Kampfgefährten Salvador Allende. »In der Welt sind noch Machthunger und Foltergier lebendig, und unsere Henker belauern uns von früh bis spät.« Als Pinochet, der Gefolgsmann des CIA und Handlanger des Großkapitals, Allende ermordete, war Nerudas Krebs nicht mehr aufzuhalten. Er wurde abgeriegelt. Sie unterbrachen seine Strahlentherapie. Ihm blieb von seinem Sterbebett nur der

Blick auf das geliebte »grüne Meer« und die Soldateska, die sein Haus verwüstete. »Soldaten kommen / und schießen, / schießen gegen das Volk, / will besagen / gegen die Dichtung / ...« Aber der kommandierende Offizier riß angesichts Pablo Nerudas den Helm vom Kopf und bat um Verzeihung. Neruda starb, aber es blieb ein Mord. Wie auf den Tod meines Freundes Professor Edmund Reule 1990 gemünzt, schrieb Nerudas Freund Rafael Alberti: »Die furchtbare Beklemmung und Angst, in die der Dichter gestürzt wurde, war das Messer, die letzte Kugel, die ihm den Todesstoß versetzten.« Doch »eine Minute Dunkel macht uns nicht blind.« Sein »Großer Gesang« endet: »Du ließest mich das Licht der Welt erkennen und die Möglichkeiten der Freude. / Du machtest mich unzerstörbar, denn mit dir habe ich in mir selbst kein Ende.« Er sagte: »Tag für Tag will der Gegner / das revolutionäre Feuer löschen« »Nein, meine Herren. / Vergeblich lauern, die von mir erwarten, / daß ich an die Straßenecke mich stelle, / meine Waffen zu verkaufen, meine Vernunft / meine Hoffnungen. / Tagtäglich hörte ich nur Drohung, / Lokkung, Wut, Lüge, / und ich wich nicht ab von meinem Stern.« Er trank »Auf die Sonne und den Schnee, Auf Leid und Freude. ... Auf die Liebe und den Schmerz. ... Auf das Feuer und den Regen. Auf das Leben und das Leben« ... auf »die unendliche Ausdehnung des Lebens.«

»Ich bekenne, ich habe gelebt ... und auf den Wellen der Musik schwimmen(den) Flaschen ... auch habe ich Wein hinauf in die Trauben getrieben, ...« »Den Völkern reiche ich unseren Wein / in dem Kelch auf der Höhe der Zeit.«

Zum Abschied unserer Begegnungen heben wir das Glas auf den Menschenfreund, verfolgen »zwischen den Weinbergen seinen Weg« und trinken auf seine elementare »Ode an den Wein«:

»Tagheller Wein,
nachtdunkler Wein,
Wein mit Purpurfingern
oder Blut von Topas,
Wein, du
Der Erde
Gestirnter Sohn,
Wein
wie ein Goldschwert glatt,
mild
wie aufgerauhter Sommer,
schneckenhaft gewunden
und aufgelöst,
liebeatmender,
meerischer Wein,
nie hattest du Raum in deinem Glase genug,
in einem Lied, in einem Menschen,
Koralle, vermählend wirkst du,
zumindest das Paar.
Manchmal
Nährst du dich von sterblichen
Erinnerungen,
in deinem Gewog
gehen wir von Grab zu Grab,
Steinmetz eisiger Grüfte,
und wir weinen
vergängliche Tränen,
doch
dein wunderschönes
Frühlingsgewand
ist von anderer Art,
auf schwingt sich das Herz ins Gezweig,
der Wind bewegt den Tag,
und nichts bleibt
im Inneren deiner unbeweglichen Seele.

Der Wein
bringt den Frühling in Wallung,
gleich einer Pflanze
aufwächst die Freude,
Mauern stürzen,
mächtige Felsen,
die Abgründe schließen sich,
und es erblüht das Lied.
Oh, Weinkrug du, mit der Herrlichen,
die ich liebe, in weltverlorener Einsamkeit,
sagt der betagte Dichter.
Möge zum Gewicht der Liebe
seinen Kuß der Weinkrug fügen.

Geliebte du, auf einmal
Ist deine Hüfte
des Glases
vollendete Rundung,
deine Brust die Traubendolde,
des Alkohols Schimmer deine Haarflut,
deine Brustspitzen Traubenkugeln,
dein Nabel makelloses Siegel,
geprägt auf das Gesäß deines Leibes,
und diene Liebe die Kaskade
unerschöpflichen Weines,
die Helle, die in meine Seele dringt,
des Lebens irdischer Glanz.

Aber nicht Liebe nur,
glühender Kuß
oder verbranntes Herz
bist du, Wein des Lebens,
sondern
auch der Menschenwesen, Transparenz,
Chorgesang der Gesittung,
von Blüten ein Überschwang.

Ich liebe beim Gespräch
auf dem Tisch
das Licht einer Flasche
verständigen Weines.
Man trinke ihn
Und gedenke bei jedem
Tropfen Gold
oder topasenen Kelch
oder pupurnen Maß,
daß der Herbst es gewirkt,
bis angefüllt die Gefäße mit Wein,
und es lerne der dumpfe Mensch
bei der Verrichtung jeglichen Tuns
sich der Erd zu erinnern und seiner
Verpflichtung:
zu verkünden der Früchte Lobgesang.«

»Ein leerer Krug / Ein hohler Kopf. / Ein gefüllter Krug / Ein voller Kopf.« Pablo war nicht nur ein großer Poet. Er war ein nützlicher Mensch. Süße Trauben drücken, Weintrinken und über ihn reden, dies kann schön sein. Zur Weinkultur gehört jedoch, daß man die Welt nicht vergißt. Ich will aufgestört werden und an der Änderung der unmenschlichen Wirklichkeit mit-wirken. Am Ende der niederkartäschten chilenischen Revolution und vor seinem Tod reifte ihm womöglich der »Hochhuth'sche Gedanke«: »... daß Banken und Wirtschaft derart die Oberhand bekommen, daß sie nur durch eine Revolution gezähmt werden können – und das wird keine friedliche sein.« Neruda lebte in einer Gesellschaft, die Arbeitsplätze schafft, indem sie Maschinen zur Vernichtung der Menschheit erzeugt. Wenn die Welt so bleibt, wie sie ist, bleibt sie nicht mehr.

Wir bleiben Freunde von Neruda.

 210

Nüchterne Ausblicke
und rauschhafte Einsichten

Mal nüchtern, mal im Rausch, auch von dem in Worten, brachte ich »Becher und Rede« wie François Rabelais »in erwünschten Gang«. Ich fiel aber beim Trinken nicht in »hedonistischer Sackgasse« unter den Tisch. Ich weiß wohl, was ich vorbringen möchte, und bereitete mich dementsprechend vor. Aber, wie ich meiner Gedanken Herr werde, wie ich mir den Weg bahne, diese Eingebungen kommen mir beim Schreiben und beim Gespräch mit Freunden. Ich schreibe nicht als Kunstgeschichtler, sondern als Beteiligter an ihrem gesellschaftlichen Änderungswillen. Schreibe ich über Persönlichkeiten, dann wie ich sie empfinde. Meine Empfindungen sind geprägt durch die Erfahrungen der Wirklichkeit meines Lebens. Mit Pablo Neruda: »Ich habe das Leben kennengelernt / durch das Leben, / die Liebe lernte ich mit einem einzigen Kuß, / ich kann niemand etwas lehren, / was ich nicht erlebt ...« Mich prägten die unmenschlichen Kriege und die brutale Ausbeutung durch das Kapital sowie die sozialistischen Kämpfe um soziale Gerechtigkeit und menschliche Würde im 20. Jahrhundert. Die DDR eröffnete mir ungeahnte Bildungs- und Arbeitsmöglichkeiten. Ich fand, was ich nun vergessen soll, Lebensraum für schöpferische Verstandeskräfte. Ich spüre weder Lust, noch habe ich die Zeit, über der DDR das Kreuz zu machen. Ich erinnere mich gern. Von allem, was ich gewann und was ich verlor, die DDR blieb mir als zweite Heimat. Den Haß auf uns, weil wir Jahrzehnte ohne Kapitalverhältnisse lebten, den schüttele ich wie die Gans das Wasser ab. Gussek heißt in slawischen Sprachen Gans. Andere erfuhren anderes und so empfinden sie auch anders.

Um dem Leser zu ermöglichen, sich in die Persönlichkeit hineinzuversetzen, verzichte ich auf eine akribische Darstellung ihres Lebens. Sie täuscht durch die enorm hohe Faktenzahl meist Objektivität vor und erschwert uns, so ein Bild über den Menschen zu machen. Ich vermeide ebenso, ein differenziertes Bild der Persönlichkeiten zu zeichnen. Mir geht es um das Wesen der Persönlichkeiten und ihre Beziehungen zum Wein. Dementsprechend ließ ich nach Möglichkeit die Weinfreunde selbst die Gläser heben. Durch ihre Ausdrucksweise wird deutlicher, wie der berühmte Weintrinker wirklich war. Meine Einfärbung tritt zurück. Ich weiß, daß der Anzug, den du gerade trägst, deine Ansichten modifiziert. Deshalb trug ich kaum Anzüge und achtete schon seit meiner Jugend auf ihr zumeist hohles Nichts. Den Darstellungen berühmter Persönlichkeiten fehlt heute ganz besonders ihr gesellschaftliches Umfeld. Natürlich fehlte so manchem Intelligenzhansel selbst der Blick auf die gesellschaftlichen Realitäten. Peter Hacks kannte ihre »Wehklage über die eigene Verwirrung.« Meistens zeigte sich, je »intelligenter und je künstlerischer« einer war, umso weniger fand er sich in der Wirklichkeit zurecht. Ihre individuellen »freiheitlichen« Ambitionen überbordeten sie oft so stark, daß sie ohne Drogen nicht mehr zurecht kamen. Die Wirklichkeit entschwand ihnen auf doppelte Art und besonders die, in der sich die Elenden unserer Welt befanden. Man zeigt uns die Tränen der Kapitalisten, die um ihren Profit weinen. Wer aber sieht die Tränen von Abermillionen, die ihr Elend beweinen?

Ich bedauere, daß ihr im Büchlein die Musik der Komponisten nicht hören und die Bilder der Maler nicht sehen könnt. Es wäre für mich unbezahlbar geworden.

Unser Trinkgelage endet wie die morgenländische Weise: »Ich habe alles durchdrungen, was menschliches Denken ermißt, / und als höchste Weisheit errungen, daß Zechkunst das heilsamste ist.« Hans Cibulka (1920-2004) schreibt demgegenüber: »Eine Weinstraße / möchte ich bauen / durch alle Länder der Erde, / Sonnenwege, / den verkarsteten Boden / aufbrechen / für den Traum / ... den Schößling / will ich mir erziehen, / und wenn es not tut / ihn beschneiden, / der Pflanze / den Gleichmut nehmen, / sehen / wie die Rebe / in der Gemeinschaft wächst, / Trauben trägt ...«

Wunderbar wäre es, wir könnten, ohne im Schnekkenhaus des Alters zu verdämmern, den Wein noch lesen, keltern und trinken. Wenn euch manches zu pessimistisch scheint: »Ein Pessimist ist eben ein Optimist, der nachgedacht hat.« Denken macht Freude. Nachdenklichkeit jedoch wird nicht gerne gesehen. Wenn der Weg nach vorne kürzer wird, als der zurückliegende, dann ist man in den besten Jahren, weil man die guten hinter sich hat. Diese verblassen nun auch. Doch wünsche ich mir mit **Johann Christian Friedrich Hölderlin** (1770-1843): »Es reiche aber / Des dunklen Lichtes voll, / Mir einer den duftenden Becher, / Damit ich ruhen möge; denn süß / Wäre unter Schatten der Schlummer ... Friedlich und heiter ist dann das Alter.«

Verzeiht mir die Zumutung meiner Auswahl und die Kürze meiner Texte. Sie werden den Persönlichkeiten nicht gerecht. Wir tranken zu wenig. Der sehr unterschiedliche Umfang der Texte und ihr verschiedenartiger Inhalt ist meiner Quellenlage geschuldet. Außerdem nehmen nach Rochefoucauld »die Fehler des Geistes, wie die Falten des Gesichtes, mit dem Alter zu.« Doch ich lasse mich ungern zurechtbiegen und schon gar nicht für die »schöne« Literatur. Feingedrechselte Worte sind meist kalt, recht selten wahr und auch nicht menschlich. Wie oft bleibt dem perfekten Könner die Ergriffenheit im Halse stecken.

Als mir ein Berufskollege sagte, Du verstehst die

Zeit nicht, antwortete ich ihm: »Ich kenne den Wetterumschlag besser als Du und Du stellst ihn gerade zur Schau.« Ich hatte das sozial Unverträgliche nicht als kostengünstig angesehen. Heute wird nichts so gut bezahlt wie die Vernichtung der menschlichen Lebensgrundlagen. Bevor ich unter die Reben gerate, bezahle ich lieber selbst, was unser Leben ausmacht. Wenn es auch heißt, man kommt unfertig auf die Welt, um dann fertig gemacht zu werden, ich ließ mich nicht fertig machen. Als Nichtwiederverwendungsfähiger entrann ich im Schweinsgalopp der Inquisition und habe als Abgehalfterter nicht die Seiten, sondern das Fach gewechselt. Ich ließ mich nicht aufs Abstellgleis schieben und verlor auch nicht die Lust am Leben. Ja, ich möchte sie weitergeben. Wenn ich auch einiges am Halse habe, meiner drohenden geistigen Lähmung trat ich wirksam entgegen. Ich wechselte in die aufklärende »kulturelle Widerstandsbewegung.« Also erschreckt nicht über meine Wahrheiten. Sollten sie Euch nicht zusagen, Ihr könnt Euch an mich wenden. Ich wünschte, ich wäre in der Lage, Eure Zweifel schlagartig auszuräumen. Ich hoffe, ein wenig mit Émile Zolas Auffassung zu erreichen: »Wir brauchen Bücher, immer mehr Bücher! Durch das Buch, nicht durch das Schwert, wird die Menschheit die Lüge und Ungerechtigkeit besiegen.«

Außerdem danke ich Freunden, die Verständnis zeigten, mir immer wieder Schutz gewährten, über Hürden halfen und vor dem Fall warnten. Die Wiedergabe meiner Denkweise und meine Art zu schreiben ist wahrscheinlich zu wirklichkeitsnah und sicher nicht edel genug. »Die Lüge tarnt sich hinter der schönen Schrift.« (Rafael Chirbes) Wer jedoch sagen kann, das letzte Buch ist ihm immer das Wichtigste, der kann von Glück reden.

Es sind da gewiß viele Frauen und Männer, die dem

Weine hold sind und die nur ganze Liter trinken. Ich hatte es auf der Zunge, aber **Dante Alighieri** (1265-1321) becherte den Abgang: »Gott ist den Trinkern nicht gram.« Ja, für diese ist die Hölle längst erloschen. Die Fässer zu unserem Thema sind lange nicht ausgetrunken. Sie sind unerschöpflich. Wir berauschten uns am Bukett nur weniger Weinliebhaber. Weitere Berühmtheiten könnt ihr auch in anderen Büchern von mir finden. Die Auswahl, je nachdem, was sich in meinem Keller fand, war zufällig und wiederum nicht zufällig. Mir bedeuteten die gewählten Weintrinker im Leben viel. So tranken vorrangig Menschen ihre Flaschen, die für eine andere, eine bessere Welt stritten und trotzdem dem Weine nicht abgeneigt waren. Gerade darauf beruhte ihre Würde. Sie richteten uns auf. Es gab sie immer, die mutig Aufbegehrenden. Sie waren Künder sowie voll des Weines und keine Sumpfeulen. Auch ich liebte den Wein und nicht den Stacheldraht. Dies gerade deshalb, weil ich fast vier Jahre dahinter saß.

Die meisten Geistesgrößen würden heute sowieso nicht mehr die Preise erhalten, die auf ihren Namen vergeben werden. Heuchler und Schleppenträger waren nur zur Abschreckung vertreten. Schon Goethe empfahl der Frau von Stein: »Wo sie was Saures spüren, werfen sie's weg.« Euer Wohlbefinden wird sich außerdem erhöhen, wenn ihr ganz anderer Meinung sein solltet. Fraglich sei das »Nicht-Wissen-Wollen.«

Unsere berühmten Persönlichkeiten litten fast alle unter ihren gesellschaftlichen Verhältnissen und waren mit ihnen unzufrieden. Sie taten etwas zu ihrer Änderung. Ihre Vorstellungen dazu waren sehr unterschiedlicher Art. Generell fiel mir auf, daß früher Mythen, Theorien, Ideologien und Paradigmen eine bedeutende Rolle spielten. Sie verflachten inzwischen nicht nur, sondern sie gingen als Instrument gesellschaftlicher Beeinflussung durch die Herrschenden fast gänzlich unter. Mythen und Religionen, Renaissance als Wiederentdeckung der Antike, Aufklärung, Historismus, Germanenkult, Vaterlandsliebe, besonders als »Gott, König und Vaterland« sowie »Deutschland erwache«, Nationalismus, die faschistische »Blut-und-Boden-Theorie« und andere hatten, wenn auch meist einen menschenverachtenden Inhalt, immer noch schlechthin einen Gehalt. Während früher so manches davon nach oben abhob, verschwindet heute der nichtsagende Brei nach unten im Schutt des Nichts. Wenn auch der Weltraumschrott zunimmt, der Himmel leert sich. Gegenwärtig baumelt die Masse der »Untertanen« so gut wie frei von jeglichem Besitz mit Belanglosigkeiten an der Leitstange der Herrschenden herum. Da die Aneignung von anspruchsvollen Theorien Bildung voraussetzt und diese den Herrschenden gefährlich werden kann, ist Bedeutungslosigkeit angesagt. Wir werden ganz einfach über unsere Triebe manipuliert. Man kann kaum noch sein Herz an eine Sache verlieren. Selbst sozialbedingte Bewegungen unterliegen kurzfristiger Zerfallszeit, werden bestechlich erschüttert, büßen an Lebendigkeit ein und ihre Ziele zerrinnen. Wenn ich auch zu den Besiegten gehöre, brauchen diese jedoch die wissenschaftlichen Erkenntnismethoden nicht aufgeben. Der dialektische und der historische Materialismus sind noch nicht einmal scheintot. Jeder, der an der Aufklärung der Wirklichkeit interessiert ist, wird mit ihnen die Katze aus dem Sack holen.

Uns schwebt eine klassenlose Gesellschaft mit Gemeineigentum an Produktionsmitteln – »wieviel Erde braucht der Mensch« – und wirtschaftlicher Produktivität vor, die einen Überfluß an Gütern sicher stellt, der entsprechend den Fähigkeiten und den Bedürfnissen des Einzelnen verteilt wird. Dabei denken wir

 216

weniger darüber nach, um welchen Überfluß, welche Bedürfnisse und welche Fähigkeiten es sich handeln würde. »Alles was du nicht hast, birgt die Erde.« Auch Weyrauch weiß: »Die Erde, die ist gut, so gut. / Was hat der Mensch daraus gemacht?« Natürlich muß aber als Erstes erwogen werden: Was gibt unsere Erde überhaupt her? Eine Minderheit kann und darf nicht über die Verhältnisse unseres Erdendaseins leben. Wir dürfen uns nicht, wie die Hefebakterien im Wein, eine solche Umwelt schaffen, in der wir dann zu Grunde gehen. Mit Raubbau vernichten wir unseren Lebensraum. Weniger wird uns ein Mehr. Wir wollen nicht Geld um des maximalen Profites wegen scheffeln. Gerade spüren wir, wohin es führt, wenn ungedeckte Wechsel in Billionen-Höhe als Luftnummern gehandelt werden. Welcher Hohn, wenn jetzt Banker, die ungeahnte Milliarden verschossen, auf Sonderzuweisungen verzichten. Wir sollten auf die Banker verzichten, deren Luftblasen wir jetzt mit unseren Steuern aufpumpen. Im Tanz ums Goldene Kalb wird die Welt untergehen. Der mögliche Selbstmord wurde mit den Atombombenabwürfen auf Hiroshima und Nagasaki bereits vorgeführt. Das heißt aber nicht, unser Leben auf einen kargen pietistisch begründeten Niedrigstandard herabzuschrauben. Wir sind keine Anhänger der Bedürfnislosigkeit. Ein Motto des Bauhauses lautete: »Es gibt Einfachheit, die Genuß bietet.« Produktivität ermöglicht erst den Genuß des Lebens.

Nach Befriedigung der Grundbedürfnisse im Essen, Trinken, Kleiden sowie Wohnen werden wir der Neigung nachgehen, sie auf höherem kulturellen Niveau zu verwirklichen. Der Mensch will kultivierter essen, trinken, sich kleiden sowie wohnen und sich dabei gesundheitlich wohlfühlen. Dabei steht außer Frage, daß nicht jeder im Einfamilienhaus und im Grünen wohnen kann. Das gibt unsere Erde nicht her. Wenn wir unsere Grundbedürfnisse befriedigt haben (oder bereits bevor wir zufriedengestellt sein werden), sind wir an Lebensbereichen interessiert, die im geistig-kulturellen Gesichtskreis liegen. Das heißt, mit der Befriedigung der Grundbedürfnisse schaffen wir die Voraussetzungen, geistig-kulturelle Lebensbereiche zu erschließen. Millionen Harz-IV Empfänger wurden demnach vom geistig-kulturellen Leben ausgeschlossen. Welcher Hohn, über Weihnachten 2008 wurde ihnen der Besuch der »Staatlichen Kunstsammlungen« zu Dresden kostenlos ermöglicht. Im Gegensatz dazu tummeln sich auf 50-Millionen-Euro-Luxusyachten ausgelesene Scharen von dummstolz gelangweilten »nice big girls need big diamonds.« Mit ihrer körperlich proportionierten Ausformung verdienen sie sich ihre Fütterung. Begierig erwarten sie, daß der Salzwasser-scheich mit ihnen auf dem Rücken schwimmt. Sie scheitern daran, dem Leben einen menschlichen Sinn zu geben. Nicht weiß der Wein, daß er Wein heißt, nicht wissen diese, was Leben heißt. Autos von 500 PS, die uns die Luft verseuchen und die so rasen, daß man von der schönen Welt nichts mehr sieht, erstreben wir nicht. Die Angebote der Luxusgütermessen braucht ein Mensch nicht. Sie werden nur von den durch unsere Ausbeutung reich Gewordenen gekauft. Solche Güter gehören nicht zu menschenfreundlichen Bedürfnissen. Während Abermillionen verhungern, kitzeln sich einige Essen und Getränk heraus, um Neues wieder her-einzuwürgen. Das Diamanten-Geklunker, in dem die eigene Person im Gefunkel nicht mehr zu sehen ist, die Kleidung, in der man sich nicht bewegen, die Schuhe, in denen man nicht mehr gehen kann, diese blind dates schmecken uns nicht. Der Überfluß besteht keinesfalls aus Überflüssigem. Der Mensch aber ist niemals über-flüssig. Jedoch da erreicht uns die Karte aus der Karibik mit der Nachricht, daß sie hier schon tagelang Schlittschuh laufen. Der ganze kleinere Schnurz und Schnulli, mit dem unsere Kaufkraft mit unterschwelligen, aber hochwissenschaftlichen Psychomethoden abgeschöpft werden soll, der kommt nicht einfach in den Abfall, er wird gar nicht erst erzeugt. Keiner denkt mehr daran, sein Leben zu füllen, indem er diesen Ramsch in jedem Augenblick sofort konsumiert. Wir vergessen weder das traditionelle humanistische Erbe, noch geben wir unsere Zukunftshoffnungen auf. Man kann sich auch mit Florena-Creme pflegen. Freundschaften, Liebe und Güte, unglückselige Enttäuschungen und aufgeregte Erlebnisse werden nicht auf dekadenten Erlebniskonsum reduziert. Selbstverständlich umgeben wir uns ebenso mit ästhetisch schön gestalteten »nutzlosen« Dingen. Sie können unser Wohlgefallen finden.

Der Mensch aber ist so tierisch, wie seine Lebensumstände es sind. Die Medien bleuen uns ein, zwischen zwei Orgasmen taumelnd die Zeit zu überbrücken, sei der Sinn des Lebens. Damit geben die Ergebnisse der Pisa-Studien in gewissem Sinne unserer Manipulation recht. Das heißt keineswegs, daß ein erotisch mit Liebe erreichter Orgasmus nicht zum Schönsten im Leben gehört. Denn das Triebhafte läßt sich vermenschlichen und wird durch seine Erhebung genußvoller und begehrenswerter. »Das Schöne war, man lernte, sich nicht zu sättigen«. (Neruda) Überhaupt, nur was du mit Liebe tust, wird dir gelingen.

Die Art und Weise, wie wir uns diese Lebensgrundlagen schaffen, soll auf förderlicher menschlich gestalteter Arbeit beruhen und den Einzelnen befriedigen. Sie soll zu seiner Selbstverwirklichung, das heißt zur Entwicklung seiner Anlagen und Fähigkeiten, beitragen. Wir ergattern nicht Jobs, um einfach zu existieren, sondern wir streben nach Tätigkeiten, die einem Menschen Lebensbereich sind, die zur Fülle des Lebens gehören. Dabei achten wir darauf, daß Mitmenschen nicht behindert werden. Keinem soll der Lebensraum genommen werden. Arbeitsfreude soll herrschen.

Ist das nun der unerfüllbare Traum vom Schlemmerparadies? Nein, es ist weder eine unerfüllbare Phantasie noch einfach eine Illusion vom Schlaraffenland, wo einem die gefüllten Enten als Braten ins Maul fliegen. Der Mensch ist zugleich Handelnder und Behandelter. Er schafft sich die Umstände, die nun auf ihn wirken. Die Änderung der ausbeuterischen Verhältnisse von Natur und Mensch ist keine Donquichotterie, kein Kampf gegen Windmühlenflügel. Der Mensch ist in der Lage, so zu handeln, daß er sich Lebensumstände schafft, die ihn menschlich behandeln. Bert Brecht legte in seinem »guten Menschen von Sezuan« die Verhältnisse offen. Der Mensch ist weder gut noch böse, er ist so, wie die Verhältnisse sind. Er kann sich Lebensumstände schaffen, die ihm als Mensch gemäß sind. Dies zeigte die über 40jährige Dorfentwicklung in der DDR. Ich kannte das Dorf vor 1945. Dann erlebte ich in der DDR, wie unter anderem der bäuerlichen Habsucht immer mehr der Boden entzogen wurde. Inzwischen wurde aus den Schwestern und Brüdern der unselig einverleibte »sozialistisch verformte Menschenschlag.« Die Lüge von der menschlichen Unnatur verbreiten die Herrschenden, um ihre politisch-ökonomischen Machtverhältnisse zu rechtfertigen. Sie täuschen uns. Sie manipulieren uns, damit wir gegen unsere wahren Interessen handeln. Freiheit bedeutet, diesen ganzen unmenschlichen Ballast abzuschütteln, um sich menschliche Lebensumstände schaffen zu können.

In einer dem Menschen gemäßen Gesellschaft wird auch keine monotone Flaute herrschen. Es kommt zu genügend Widersprüchen, die das Leben vorantreiben. Man wird um die Entwicklung seiner Anlagen und Fähigkeiten wetteifern. Suchen und Finden wird sowohl

220

glücklich als auch unglücklich verlaufen. Kümmernisse bleiben uns. Anstrengungen werden die Kräfte herausfordern. Von jedem Einzelnen werden solche Vorgehensweisen verlangt, bei denen er anderen nicht im Wege steht. Die Ergebnisse unserer Tatkraft werden so verschieden sein, daß ihre Vielfalt uns immer wieder aufs Neue herausfordert. Und unsere Kinder, die uns vor der Entartung bewahren, frischen unser Leben beständig auf.

Wir werden nicht überdrüssig sein, aber »laßt uns überdrüssig sein dessen, was tötet, / und dessen, was nicht sterben will.« – »Aus einem Glas / ich trinke / die Freude ... mit einem Traum süßer als eine Traube ... Ich liebe nur was Träume hat ... Und das Reale? Ebenfalls, da besteht kein Zweifel ...« Bedauerlich sind diejenigen, denen es an Zeit fehlt, beide Lebensbereiche zu verbinden. Ich stand auf der Liste, auf der es keine Orden gab. Als ob sie wußten, daß ich keine Medaillen mag. Ich mochte weder luxuriösen Schaum, noch wollte ich meine Beurteilung in fremde und womöglich gar schmutzige Hände legen. Ich liebte die »grünen Wohlgerüche« der Reben. Auch wenn heute »ungeheure Trauben, schwarz und prall, / hängen, Weinschläuchen gleich, aus den Trümmern heraus ... ohne Hochmut besiegt«, bitter sind sie dennoch nicht.

Mit Bert Brecht: »...der Geschlagene entrinnt mit der Weisheit« und mit Pablo Neruda bitte ich um Nachsicht: »Weder die Irrtümer, die mich auf eine relative Wahrheit brachten, noch die Wahrheiten, die mich zum wiederholten Male in den Irrtum führten,« erlauben es mir am Lebensende als rechthaberischer Klaugschieter aufzutreten. Ich war gerne Lehrer, wollte jedoch nie belehrend sein. »Verdorrte Traube um Traube«, sagt mir, was ich weiter sagen soll, »damit ich weiterhin verliere.« Trotz alledem wäre ich euch dankbar, wenn ihr mir zugestehen würdet, daß ich nie

die Hoffnung auf eine menschwürdigere Gesellschaft aufgab. Vielleicht gesteht ihr mir auch zu, daß ich jetzt im falschen Leben versuchte, richtig über die Runden zu kommen. Ich versuchte mich an einen meiner bäuerlichen Lebensgrundsätze zu halten: Fürchte die Kuh von vorne, das Pferd von hinten, den Dummkopf aber von allen Seiten. Obwohl ich Ökonom war, bemühte ich mich, alle anderen Lebensbereiche zu erschließen. Wohlstand und Wohlsein sollen wieder eins werden.
»Ein paar Leute / werden mich verstehen.«

Meine Reise geht zu Ende.

»Wie weit / darfst du gehen, / bis wir / wie alle, / anstatt auf ihr zu wandeln, / unter der Erde ruhen?« Ich kehre heim, / glücklich mit euch gelebt zu haben / eine Minute / im Winde.« (Neruda)

Kümmernisse als Schatten des Lebens waren wie Kompost, sie frischten es auf.

Mir ging es gut dabei und euch kann ich ebenfalls als derzeitig friedliche Lösung den Humoristen Dr. Owlglass empfehlen: »Redlich ist's in dunklen Fällen / leere Flaschen herzustellen.«

Trinkt mit mir!

Helft mir beim Abräumen!

Stellt Menschliches auf den Tisch!

Ihr seid willkommen, bis daß »zerbrochen ist mein Glas, als hätt' es laut gelacht.«

Harald Kretzschmar

Als Jahrgang 1931, in Berlin geborener und in Dresden
aufgewachsener Sachse und in Leipzig studierter Gra-
fiker lebe ich nun bereits jahrzehntelang in Kleinmach-
now. Ein Randberliner Künstler, der sich maßvoll durch

die Kulturszene bechert. Als
Obstsaftschlürfer und Milchge-
nießer aufgewachsen und sehr
bald schon zum passionierten
Weintrinker mutiert, glaube
ich eine gehörige Affinität zum
Thema zu haben. Während
des jahrzehntelangen Porträ-
tierens von hinlänglich origi-
nellen und prominenten Leuten
für die Presse und für Bücher
sowie während mancherlei
Veranstaltungen reifte ich zum
Menschenkenner und Men-
schendarsteller. Ich zeichnete
die Leute in ihrer Eigenschaft
als Damen und Herren, Politi-
ker und Philosophen, Freunde
und Genossen, Wissenschaftler und Künstler – aber
nie im Hinblick auf ihr Verhältnis zum Weingenuß. Erst
ein ausgewiesener Experte wie Karl-Diether Gussek
mußte mir beweisen, in welchem Maß die kreativsten
Geister davon angeregt wurden. Ich beeilte mich nun-
mehr im Jahr des Herrn 2009, ins Ironische übersetzte
Bildnisse zu all den von ihm ermittelten Lebensdetails
um den Wein herum anzufertigen – und Ihnen hiermit
vorzulegen.

Eben auch ein Lebenslauf

Um den 22. Oktober 1928, vor einem kalten östlichen Winter und vor Beginn der Weltwirtschaftskrise, legten meine Eltern miteinander erwärmt den Grundstein für mein Erscheinen auf dieser in der Achse heißgelaufenen Welt. Heute würde man mehr Zurückhaltung üben. Ab 17. August 1929 in Marienau ein kleiner Klugscheißer mehr im Weltenall. Blühender Aufwuchs in freier Natur am Zusammenfluß von Inster und Angerapp zum Pregel. Nach Segelfliegerei im Sommer 1944 abkommandiert zum Ostwallschippen um das bereits wackelnde Quartiera Hitlera bei Rastenburg. Dann entsorgten die Kapitalgeber mit ihrem »großen Führer« nicht nur das anfangs so profitable 12-jährige »Tausendjährige Reich,« sondern auch unter blutigen Qualen meine ostpreußische Heimat, die sich die Ordensritter im 13. und 14. Jahrhundert auf ähnlich martervolle Weise von den Pruzzen, Litauern und Polen besorgten. Auf Befehl der Nazi-Wehrmacht wurde ich mit Zwischenaufenthalt in Elbing auf lebensgefährlichen Umwegen übers Frische Haff durchs eisige Wasser der Ostsee »Heim ins Reich« expediert. Mit diesem Brandmal meines Lebens verstand ich in den Zeiten das Unzeitgemäße. So singe ich das Liedchen, daß der Mensch so nicht leben kann, bis ans Ende meiner Tage.

Meine Eltern, obwohl der Schlachthofdurchgang vorgesehen war, öffneten mir mit humanistischen Gedanken über den Dienstboteneingang meinen Weg ins Leben. In der DDR konnte ich den sozialistisch-humanistischen Ideenreichtum erweitern und bemühe mich, diesen zu bewahren.

Anfang Februar 1945 in Wendorf bei Brüel abgeliefert. Noch zwei Monate Unterricht in der nach Wendorf verlegten KLV Waldschule aus Berlin. Auf der Fahrt nach Wismar anläßlich unserer Einberufung als

Flakhelfer wurde der Zug zwischen Blankenburg und Warin von Alliierten-Tiefffliegern in Brand geschossen. Wir teilten uns. Ich schloß mich der Gruppe an, die sich für den Rückweg nach Wendorf entschied. Ab Mai begann auf dem Versorgungsgut der Roten Armee meine unbezahlte, aber erfahrungsreiche berufliche Tätigkeit als Ochsenkutscher, Kuhhirte, Melker, Fischer, Sägereiarbeiter und Pferdezureiter. Nebenbei verdiente ich den Lebensunterhalt für meine Mutter und zwei Geschwister mit Diebereien, einschließlich Wilddiebereien, und als selbsterlernter Dorfschuster. Ich stieg zum anerkannten Plumsklo-Entleerer und aus Mangel an fähigen Leuten in der Dorfkapelle mit »Rosamunde – Hoch droben auf dem Berg – Rosemarie mein Herz nach dir schrie« zum Teufelsgeiger und Schlagzeuger auf. Nach der Demokratischen Bodenreform hieß es als Waldarbeiter: Gut Holz!

Zwischen Mai 1946 und Februar 1950 durch »gute« Deutsche sicher in Väterchen Stalins Pensionen von Torgau, Bautzen und Sachsenhausen verwahrt. In der Todesbaracke brachte ich es bis zum Mottenkönig. Danach begann als Arbeitsloser mein irrtümliches Leben in der DDR.

Im April 1951 verspätet die »Landwirtschaftliche Gehilfenprüfung« abgelegt und dazu die Fachschulen für Landwirtschaft, Unterstufe in Anklam und die Mittelstufe in Greifswald, besucht. Trotz größter Bemühungen gelang mir weder ein Abschluß der Volks- und Oberschule noch, auch nicht mit selbstgebrannten Zuckerrübenschnäpsen, einer der Fachschule. Aber nach dem Studium an der Landwirtschaftlich-Gärtnerischen Fakultät der Humboldt-Universität Berlin 1955 Abschluß als Diplomlandwirt. Dabei habe ich immer wieder vorwiegend als Traktorist gearbeitet. Während der »Praktischen Berufsausbildung von Studenten« schloß ich eine berufspädagogische Hochschulausbildung ab. Von 1958 bis 1960, als eine der wenigen eigenen Bestimmungen, absolvierte ich ein folgenreiches Zusatzstudium der Wirtschaftswissenschaften an der Hochschule Bruno Leuschner für Ökonomie Berlin-Karlshorst. Mit wissenschaftsgeschichtlichen Arbeiten gelang es mir 1962 an der Humboldt-Universität Berlin zu promovieren und 1969 an der Wilhelm-Pieck-Universität Rostock zu habilitieren.

Vom Wissenschaftlichen Mitarbeiter und Dozenten der Martin-Luther-Universität 1967 nach Berlin zum Professor für »Sozialistische Landwirtschaftliche Betriebswirtschaft« und 1968 nach Halle als Professor für »Sozialistische Landwirtschaftliche Betriebsführung« berufen. So geriet ich unter die Intelligenz. Doch mit Gabriele Mucchi: »Ich bin kein Intellektueller. Wie alle wissen, sind die Intellektuellen dazu bestimmt, niemals auch nur das Geringste zu begreifen.« In meinem Arbeitszimmer hingen auch zwei Lithographien von Fritz Cremer. Die »Fragen eines lesenden Arbeiters« halfen mir, mich daran zu erinnern, wer die Werte der Menschheit schuf. »Galilei und der Kleiderständer des Papstes« mahnte mich, an der Wahrhaftigkeit der Wissenschaft festzuhalten. Die Kinder André, Peter und Jana mit etwas Nebenwirkung von mir, aber im guten Einvernehmen mit meiner ersten Frau Waltraut von ihr zum Laufen gebracht. Obwohl ich ein Viertel Jahrhundert »ordentlicher« Professor war und jeder seines Glückes Schmied ist, den Hammer besaßen die Bonner Politologen. Als man mir verbot, über LPG zu reden, trat ich, meine Nichtwiederverwendungsfähigkeit erkennend, am 31. Mai 1991 unfreiwillig ab. Über drei Jahre mit dialektischem Purzelbaum, dieses Mal aus dem entgegengesetzten politischen Grund wie 1950, arbeitslos. Natürlich habe ich meine Böcke nicht nur als Wilddieb geschossen und auch Ansichten korrigiert. Ich kenne meine Weintrinker und weiß, wo sie ihren Most schlürfen! In diesen bitteren Zeiten, als ich mich durch verlegte Stolperdrähte wand, steht mir meine zweite Frau Eva bereits ein Viertel Jahrhundert aufrichtig bei. Ich war in verschiedenen Gremien, solange sie noch etwas Nützliches für die Ausgebeuteten unternahmen, tätig. Mich rettete aufklärendes Schreiben über die letzten Runden. Mit Menschen, die einem sonst nicht zuhören mochten, versuchte ich vordergründig beim Wein ins Gespräch zu kommen.

Wer hätte dies gedacht, ich fand bei meinen Liebhabereien Kunst und Wein Zeit zum Weintrinken. Es gab da sehr viel Petersilie, die besser als die ganze Suppe war. Ich verzichte hier auf sie. Ehe ich trocken werde und Ihr Zeit hättet, könnte ich sie wieder zum Grünen bringen. Ich trank aus vielen Quellen, jedoch muß neben Deutschem-, Polnischem- und Hugenotten- noch uraltes Pruzzenblut zwischen die Säfte geraten sein. Ihre alten Götter spukten mit Heterosis-Effekt ein Leben lang in mir. Marx und Engels erhellten die Gläser. Meine Vorstellungen und Anschauungen wurden durch meine Lebensverhältnisse geprägt. Sie und der Wein förderten mein Wirken zur menschlichen Verbesserung der Verhältnisse auf dem Lande der DDR.

»Was wird nun aus dem ›Dunkel‹ des gelebten Augenblicks?« (Ernst Bloch) Gelebt hat er und er lebt, solange sich noch etwas tun läßt und er gebraucht wird.

Wie mit Omar Chajjâm begonnen, so sei auch mit ihm geendet:

> »Ach, gebt mir Wein, wenn's Leben schwindet,
> Und wascht den Leichnam nur mit Wein.
> Umwickelt ihn mit Rebenblättern,
> Im Weingarten nur will ich begraben sein.«

Anmerkungen zu den Quellen

Einschlägige Lexika und vor allem das mehrbändige Werk »Die Geschichte Der Deutschen Literatur« vom Volk und Wissen Volkseigener Verlag Berlin, ab 1960, waren entscheidende Hilfen.

Dem Freund und Kollegen, einst an der Martin-Luther-Universität Halle, Professor Dr. Rüdiger Bernhardt, habe ich viel zu verdanken. Die Gespräche, seine Unterlagen, die er mir sandte und vor allem seine Bücher aus der Reihe »**Königs Erläuterungen Spezial**« im Bange Verlag aus Hollfeld halfen mir, mich in der Literatur zurechtzufinden.

Mein besonderer Dank gilt Professor Dr. Hans-Jörg Koch. Sein Buch: **Die Muse Wein / Zwischen Rausch und Kreativität**, Verlag Philipp von Zabern, Mainz 2001, gab mir viele Anregungen. Es ist, so glaube ich, bisher das einzige Werk, welches weitgehender auf das Verhältnis unserer Geistesgrößen zum Wein eingeht.

In den von Dr. Fikentscher im Mitteldeutschen Verlag 2008 in Halle herausgegebenen »**Trinkkulturen in Europa**« findet sich bereits ein stark gekürzter Vorabdruck der berühmten Weintrinker. Ich danke Dr. Fikentscher für seine Anregung.

Prof. Dr. Heinrich Gemkow, einem Freund aus Berlin, verdanke ich Belege und seine Durchsicht des Essays zu Marx und Engels.

Dr. Dr. Heinz Monz aus Trier bin ich für die Übersendung seiner wissenschaftsgeschichtlichen Arbeiten zur Familie Marx sehr verbunden.

Es sind fast 400 Nachweise belegt. Die Zitate beruhen in der Regel auf den Werken, Biographien und Briefen der Persönlichkeiten. Da es sich um keine wissenschaftliche Arbeit handelt, wurden die Fußnoten weggelassen. Dies fördert die Lesbarkeit! Wer auf die Bezüge wert legt, kann sich jederzeit an mich wenden: Karl-Diether Gussek, Gleimstraße 37, 06118 Halle, Telefon 0345/5200740.